theaterbibliothek

konrad bayer
theatertexte
herausgegeben von gerhard rühm

verlag der autoren

Die Deutsche Bibliothek – CIP-Einheitsaufnahme

Bayer, Konrad:
Theatertexte / Konrad Bayer. Hrsg. von Gerhard Rühm. –
Frankfurt am Main : Verl. der Autoren, 1992
(Theaterbibliothek)
ISBN 3-88661-125-6
NE: Rühm, Gerhard [Hrsg.]; Bayer, Konrad: [Sammlung]

Originalausgabe: Konrad Bayer, Sämtliche Werke in 2 Bänden,
herausgegeben von Gerhard Rühm, ÖBV-Klett-Cotta, Wien 1985

Gesamtherstellung: dvg Darmstadt
Printed in Germany
ISBN 3-88661-125-6

entweder:
verlegen noch einmal zurück
oder:
visage-a-visage in der strassenbahn

o verzeihung
er versucht den speichel mit dem rockärmel abzuwischen
was WAS
es ist mir wahnsinnig peinlich bitte aber ich weiss garnicht wie das passieren konnte plötzlich . . . .
    drohend
sie sie SIE SIE
greift in die tasche und zieht ein taschentuch hervor
    reibt
es tut mir wirklich schrecklich leid WIRKLICH aber es war ohne absicht ich bitte glauben . . . .
stösst seine hand fort
    brüllt
lassen sie LASSEN sie das unverzüglich sein sie
    widerstand
ich kann doch nicht dafür wie ich sagte ich . . . .
    blaurot
packt ihn am kragen
sie unverschämter idiot sie unverschämter idiot sie unverschämter kerl
    abschütteln oder
was wollen sie von mir wie ich sagte lag es nicht in meiner absicht war es ohne jede absicht . . . .
    eindringen
ohne OHNE OHNE
lassen sie mich unverzüglich in frieden haben sie den verstand verloren
lassen sie los . . . .
    freimachen
    keuchen
ich ich ich
man wird doch noch jemanden anspucken dürfen
er staunt er starrt seine hände sinken
    erstarrt
man man man
machen sie doch kein theater es ist ja NICHTS passiert
aber aber

schweigen sie still oder ich
    das erwachen
oder ODER ODER
sie wollten provozieren scheint es wie? sie clown sie mist sie nutzniesser
    der zwerg
ich ich ich
ich warne sie
ich ich ich
ich sehe sie wollen diese angelegenheit auf die SPITZE treiben das heisst sie versuchen es ABER JETZT VERSCHWINDEN SIE und zwar so schnell sie ihre beine tragen und BITTE
weit stürzt oberkörper vor
bitte bitte bitte bitte bitte bitte bitte bitte
verschwindet in der ferne

(1954)

ein abenteuer des lion von belfort

der vorhang. ein cupferstichzimmer, rechts das conterfey des lion.
der lion steht vor seinem lehnsessel
hinter einem grossen barocken schreibtisch.
er setzt sich,
er streicht seinen schnurrbart,
er trägt eine mit orden reich decorierte generalsuniform.
apollyon bringt auf einer silbertasse
sechs versilberte gabeln und sechs versilberte stilette.
er überreicht sie mit einer decenten verbeugung,
er legt das tableau auf den schreibtisch und empfiehlt
sich mit einer decenten verbeugung.
der lion erhebt sich und sticht sechs versilberte gabeln
und sechs versilberte stilette in
über den tisch
verstreute lorbeerblätter
die lorbeerblätter sind vergoldet.
lautlos betritt apollyon die scene.
apollyon tritt immer lautlos auf.
apollyon bringt die TIMES,
der lion setzt sich,
der lion liest die TIMES,
apollyon zieht gabeln und stilette aus dem schreibtisch
und ordnet sie auf der tasse:
eine gabel, ein stilett,
eine gabel, ein stilett,
eine gabel, ein stilett,
eine gabel, ein stilett,
eine gabel, ein stilett,
u.s.f.
apollyon geht ab mit der tasse.
der lion und die lecture der TIMES.
der lion legt die zeitung auf den schreibtisch
und tritt an ein sopha
– das sopha steht an der rechten seitenwand und blieb
dem scharfsinn des betrachters durch einen japanischen
paravent verborgen –
und betrachtet sein opfer
mit unbewegter miene.
diese frau
ist mit derben stricken an ein sopha gefesselt.
sie trägt dessous.

ob die dessous einen leinenunterrock einschliessen,
wird der phantasie des betrachters überlassen.
dieser leinenunterrock
ist von himmelblauen schleifchen durchzogen.
dieser leinenunterrock und volants.
der lion ordnet blumen in eine vase.
die vase und ein japanischer blumentisch.
apollyon weist hinter der scene die anschuldigung
zurück,
dass die blumen welk seien.
apollyon beweist hinter der scene,
dass man auch frische blumen parfumieren
darf.
die blumen auf dem blumentisch sind nicht parfumiert.
der lion tritt an das sopha:
»mein besteck.«
apollyon tritt auf.
apollyon tritt mit säge,
seciermesser und vorschlaghammer
auf.
»das besteck. herr.«
der lion greift nach der säge.
der vorhang: fällt.

(1954)

une show royale

1. aufzug
kellergewölbe, ist nur spärlich beleuchtet und die bühne ist nur durch petroleumfunzeln erhellt. auf einem haufen verfaulten laubes sitzt auf einem stein *der könig*, ich weiss nicht, ob er einen bart hat oder nicht. er ist entweder sehr alt, nein nicht sehr alt, oder doch nicht sehr alt. er ist wie immer betrunken und hält in einer hand eine flasche. seine messingkrone ist etwas zur seite gerutscht und er grölt vor sich hin und beschimpft den blinden *flötisten* an seiner seite; spielt. seine flöte ist mit laub umwunden. auf der anderen seite sitzt *der hofnarr*, seine laute steht zwischen seinen schenkeln und er starrt vor sich hin. er ist in lumpen gehüllt wie der könig, alles ist schmutzig und erinnert an ungeziefer.
zeremonienmeister stampft 3 × mit stab auf.
sein *erster minister* tritt auf, etwas weniger verkommen, aber auch nicht vornehm, auch nicht gut gekleidet, eher ärmlich. »o herr, ich muss dich tadeln, du hast dein weib getötet, obwohl sie ehrsam war und hohen standes.«
»scher dich fort, alter halunke, ich will dich nicht mehr sehen.« kerkermeister?
2 gut gebaute tänzer im schwarzen trikot mit ballettschuhen treten auf und führen den minister ab. aus dem dunkel tritt *der henker* vor und folgt.
»spielt auf und lasst die lauten klingen. wo sind meine sklaven, ich will sie tanzen sehen.«
»bedenkt, o könig.« »sei still.«
man hört die jagdhunde anschlagen. pause. furchtgespräche der höflinge. armbanduhr. tödlicher schrecken verzerrt das gesicht des königs. wird es denn nie ein ende nehmen? er gräbt seine hand in das laub und presst sich mit aller kraft gegen den stein, seine beine sinken im laub ein, der narr greift zu seiner laute und spielt mit dem flötisten eine kurze traurige weise. nachdem sie damit zu ende gekommen sind, tritt für einen augenblick gänzliche stille ein. sehr aufgeräumte stimmung. *die tochter des königs* in dessous, von 2 *schönen pagen* begleitet, die ein altes trichtergrammophon tragen. die akteure stehen wie marionetten auf der bühne herum. die prinzessin beginnt zu tanzen. die furcht verschwindet aus dem gesicht des königs und macht einer ekelhaften geilheit platz: zum abschluss ihres tanzes lässt die prinzessin das strumpfband gegen die schenkel klatschen. *der schöne prinz* tritt auf, nach venezianischer art 1455 gekleidet. leicht beschwingt tritt er vor den könig. »du ekelst mich an. erst bringst du opa um und dann oma, weil sie nicht aufhören konnte ihm nachzutrau-

ern, und jetzt mama, das ist nicht nett von dir. ich habe immer gewusst, was du wolltest, aber ich habe dich durchschaut. jetzt ist es dir endlich gelungen. du hast unseren bridgecercle ausgerottet.« der könig grinst über das ganze gesicht und nimmt ohne auf diese rede irgendetwas zu entgegnen einen tiefen schluck aus der flasche. *der henker* kommt dandyhaft, cool. wischt das blut von seinem zweihander auf seinen rechten ärmel, poliert seine fingernägel auf dem rockaufschlag, haucht sie an und poliert sie wieder. eng umschlungen folgen ihm *2 tänzer.* einer dreht sich mit einer ballettgeste um (klassisch), zwinkert uns vertraut lächelnd zu, erstarrt zur maske eines ernsthaften mädchens.
der könig versucht seinen sohn zu beschwichtigen unter starker verwendung seiner arme, er stellt ihm in aussicht sich tarock abzugewöhnen und poker als hofspiel zuzulassen (hintergrund). die prinzessin steht etwas abseits und manicurt ihre fingernägel, die tänzerin tritt auf sie zu und packt sie an ihrem rötlichen haar, schleift sie rechts ab. der könig klatscht in die hände. die pagen legen eine neue platte auf. 4 nicht mehr ganz junge herren in schwarzem trikot mit melone treten auf und unterstützen die weise mit der exaktheit einer girltruppe.

2. aufzug
friedhof, begräbnis.
ghoulen an den frischen gräbern.
trauerzug durch kerzengang. messe mit satanspriester. begräbnis der königin. sie war eine grosse hure, drum will ich euch um respekt bitten.
ein andrer teil der bühne wird hell erleuchtet (rechts). tänzerin und prinzessin liegen in idyllischer pose. tänzerin heroisch, prinzessin liebend ergeben.
liebesspiel.

3. aufzug
gefängnisstube.
für den laien sei hiezu bemerkt, dass der vergleich einer polizeirevierstube am nächsten kommen würde.
die wachen (3) in schwarzem steifem hut, teils in mieder, teils in nylonhöschen mit flor oder nylonstrümpfen, lackpumps, sitzen um einen tisch und spielen domino. *3 nonnen* mit geschürzten röcken sitzen im cunnilingus versunken unter dem tisch. in tiefes nachdenken versunken wandert *der junge polizeileutnant* auf und ab. zieht den rauch aus einer langen opiumpfeife. hohe licht ockerfarbene lackstulpenstiefel, dazu einen federhut, hell violettweisse federn, pastellrote schärpe (moirée). rechts türe, zimmer grell ausgeleuchtet. *2 polizeibeamte* stossen vor sich die *beiden gefangenen* herein. die polizeibeamten tragen schwarze dreispitze ohne jede verzierung, schwarze moi-

réeschärpen und schwarze lackstulpenstiefel. ihre fäuste umklammern maschinenpistolen in schussposition, mit deren läufen sie die gefangenen hereinstossen. der junge leutnant vertreibt mit einer handbewegung die dominospieler. links ab. die nonnen flüchten kreischend mit hochgeschürzten röcken in einen dunklen gang in der rückwand.
»sie sind.« »ja.« »sie wagen es nicht zu widersprechen.« »ja.« »wir werden keinen pardon geben.« er nimmt eine trillerpfeife vom tisch. auf seinen pfiff kommen die *dominospieler.* mit kleinen bambusstökken bewaffnet nehmen sie das liebespaar zwischen die knie und verprügeln sie auf offener bühne. mit dem gesäss zum publikum gekehrt. delinquenten winden sich in qualen und stossen laute schreie aus.

4. aufzug
wie 1. aufzug.
könig spielt ein brettspiel mit einem *höfling*. an den wachen vorbei drängt sich der *hauptmann von der garde*. hauptmann: »du hast meine mutter umgebracht.« könig: »ich weiss, ich bin ein grosser mörder.« hauptmann: »dein henker hat meine schwester am schafott entehrt.« (henker poliert fingernägel.) könig: »liebling, das verstehst du nicht. du sollst dich nicht um dinge kümmern, die deiner jugend nicht entsprechen.« jagdhunde schlagen an. hauptmann tritt einen schritt zur seite. tyrann kronprinz tritt auf. ihm folgt seine garde, silbernes haar, schwarze trikots. er selbst hat schwarzes haar und stirnreif. einer von seiner garde führt 4 tigerdoggen. »wo ist das kleine cretin?« »ich weiss es nicht.« »ich glaube du hast den verstand verloren. wozu sitzt du denn hier? du hast auf sie aufzupassen, wenn ich will, und sie hat hier zu sein, wenn ich will.« »was willst du von ihr?« prinz macht ihm ein für alle mal klar, dass er nur ein lausiger popanz ist, falls er das noch nicht begriffen hat. dass er dem zuzustimmen hat, was er will und dass das zeitalter der jugend heranbricht. – lobgesang auf jugend, neue zeit und brutalität. könig bestürzt: »das will ich doch auch.« prinz: »du bist nicht konsequent genug und vor allem willst du deine persönlichen launen einer ordnung vorziehen, der auch ich mich zu beugen habe.« (dass auch er tue, was ihm beliebt.) da erklärt ihm der sohn, dass er mit dieser ordnung identisch sei und dass er dabei keine inkonsequenzen dulden könne. könig: »dass schliesslich er könig ist.«
prinz zieht die augenbrauen hoch. garde marschiert durch das erschreckt sich teilende heer der höflinge ab. prinz ab.
5 gardisten des kronprinzen mit maschinenpistolen.

(1955)

die erschreckliche comoedie vom braven lukas

ein spektakel in fünf aufzügen

1. aufzug

lukas als barbier schneidet versehentlich einem der besten kunden beim rasieren den kopf ab. auftritt des feldhauptmanns. erwähnung der stierhörner als waffen zu gebrauchen. (umarbeitung auf malmort du poète)

2. aufzug

lukas versucht die insassen einer kutsche vor räubern zu bewahren, tritt parzifalesk auf. fesselt die räuber. die kutsche fährt davon und nimmt ihn nicht mit. er erzählt davon dass er ein grosser feldherr (mann?) werden will (vielleicht hinbau auf den malmort des poeten schlechthin?) was sich bisher zugetragen seine reise und eventuellen abenteuer seine verfolgung des feldherrn. seine absurden abenteuer (trotzdem soll alles sehr bewegt theatermässig und aufgelockert sein. stets die querverbindung zum evangelienlukas beachten)
die räuber überzeugen ihn dass sie die besseren seien. sie explizieren das abenteuer. die übrigen räuberfamilienmitglieder tauchen auf besorgt um die beiden ausgebliebenen. sie schlagen ihr nachtlager um ein lagerfeuer auf. bringen kessel. es stellt sich heraus dass sie cannibalen sind. er nimmt parzifalesk dagegen entrüstet stellung. sie verweisen auf die ähnlichkeiten der kriegskunst und des cannibalismus. er verläßt verwirrt die scene.

3. aufzug

im himmelsraum sterne kleben an dem nachtblauen firmament.
die zwölf sternbilder stehen wohl geordnet in einer reihe.
der stier erzählt die abenteuer des lukas sein aufstieg freund des königs erster vasall.
(vielleicht fehlt der stier und die anderen sprechen von seiner reinkarnation und dass er bald wieder kommen werde)
darauf erscheinen 3 evangelisten in gestalt ihrer wappentiere löwe, engel mit schwarzen schwingen, adler und reklamieren lukas für sich wobei sich die beiden löwen (markus und der sternzeichenlöwe) einander entschieden nähern (versionen des lion de belfort). es entsteht ein heftiger streit worauf ein riesiger fuss an der rechten seite der bühne sichtbar wird. die streitenden werden sofort ruhig der fuss entfernt sich. die evangelisten gehen ab. die himmelstiere nehmen ihren platz ein. (der vorhang sinkt)

4. aufzug

lukas geht an einer weide mit rindvieh vorbei (in vollem ornat des feldhauptmanns und ersten vasallen mit einer silbernen stiermaske vielleicht auch sonst noch stierattribute). das rindvieh klagt ihm seine not (von tänzern mit masken darzustellen) auch die rindviehhafte naivität dummheit borniertheit das gesetz der masse muss empor-springen. aber es muss zutagetreten dass sie trotzdem nicht zu verachten sind. ein junger stier soll geopfert werden. er drängt sich an die seite des feldherrn und vergiesst bittere tränen obwohl ihm zuerst zweifel kommen weil er ausserhalb des zaunes steht weil er ein kriegsmann ist (schlächter). es fallen parallelen zwischen dem krieg und dem kampf in der arena. lukas wird nachdenklich erkennt dass er vielleicht den falschen weg gegangen ist. er nimmt ihm jeden zweifel und überzeugt ihn dass er von seiner art ist. er verspricht ihnen die freiheit und den jungen stier unter allen umständen zu retten. die rinder danken bewegt.

5. aufzug

arena. die zuschauer erwarten den kampf. der könig, die königin, der kanzler, die vasallen. lukas tritt auf und überreicht in demut? eine schrift um den kampf zu verhindern. er tritt für die freiheit des rindviehs (der masse) ein was eines grotesken zuges nicht entbehrt. der könig überlegt. der feldherr bringt alle seine verdienste für den könig und das land vor sowie die verdienste des rindviehs im allgemeinen während alle übrigen (incl. königin) empört sind dass sie um ihr vergnügen kommen sollen. lächerlich das rindvieh! bis man erkennt dass lukas selbst ein stier ist. es kommt zu bewußtsein. ein unbändiges gelächter erhebt sich. lukas reklamiert seine verdienste. vergebens. alles wen-det sich von ihm weil er zu der verfemten rasse gehört und daraus kein hehl macht. einige vasallen mit gehörnten masken nehmen diese heimlich und verschämt ab. der junge stier wird in die arena unter johlen des publikums getrieben. lukas voll zorn springt spontan in die arena an seine seite. sie besiegen gemeinsam die männer mit den langen degen (matadore) singen couplet. unter dem beifall der zu-schauer? sie eilen fort um ihren sieg den artgenossen zu verkünden. nach kurzer zeit kommt der junge stier zurück und verkündet den tod lukas' den junge leute in den strassen für einen stier gehalten und gespiesst (brauch in spanien). junge leute um ihre kraft und ihren mut? zu zeigen.

monolog des jungen stieres über den heldischen tod des lukas wie der griechische held mit den sieben wunden (?) und christus mit den fünf wunden siehe »ordensritter« (vergleich mit christus lieber nicht es wird von selbst herauskommen). (vorhang)

1. aufzug

(vorhang) erste hälfte des siebz. jhts. europa. laden eines bartscherers. perlenschnüre od. etc. im hintergrund. der laden ist perspektivisch gehalten. zur türe führen zwei oder drei stufen. lukas rasiert einen in spanischer manier gekleideten behäbigen herrn. ja er ist ganz in ein grosses leintuch eingehüllt. nur die stiefel sind zu sehen. der kopf ist so sehr eingeseift, dass nur die augenbrauen und die glatze zu sehen sind. lukas arbeitet mit gerötetem gesicht, ein paar striche mit dem messer, er seift wieder ein. das opfer prustet zufrieden vor sich hin. lukas stösst bei der arbeit unnatürliche konsonantenballungen aus (kt kt pt pt mk mkx (mit fistelstimme) prt prtk prtx etc.), er ist sehr erregt. der meister steht hinter der gruppe, mit befriedigt lächelndem gesicht, kopf leicht vorgeneigt, so dass ein doppelkinn entsteht. der meister ist von kleinem wuchs, darf nicht dick sein (unter keinen umständen hager, am ehesten schlank aber rundlich), weisser haarkranz, gesunde gesichtsfarbe; wippt auf den zehen, arme hinter dem rücken verschränkt. während dieser szene wird nicht gesprochen, die belebenden geräusche dürfen keinen wortähnlichen charakter haben. lukas arbeitet hastiger, sieht plötzlich wie entrückt vor sich hin, arbeitet weiter. nimmt das opfer bei einem feinen streif von vier bis zehn haaren, die auf der mitte der glatze ihre einsamkeit fristen, und schneidet ihm ruhig den kopf ab. das blut spritzt heraus. lukas zuckt wie ein neurasthenisches schulkind, das wieder einen fehler gemacht hat, ist aber nicht bestürzt.

du tollpatsch
du krötenfänger
du fastenjäger
du hölzerner erzengel
du dreimal gezwirntes hiobsgarn

er war mein bester kunde, haar und bart wuchsen ihm so schnell, dass er mit jedem tag an die zwei mal unseren laden aufsuchte. er war immer so schmutzig, dass er ein vollbad nehmen musste und jetzt streckt er alle viere von sich, als ob's karfreitag wäre. hab ich dich von der türschwelle genommen? oh herr und meister, halt ein, halt aus.

du hast wieder geträumt, du warst auf der reise, du hast mit den linken mädchen poussiert und mir dann die beste kundschaft ruiniert.

vielleicht kann man diesen kopf noch annähen, euer bartschaft.

schlingel-du-schlingel, spar mir die prügel, die du verdienst, fege das blut zur tür hinaus und schicke den seligen kopf an die rechte witwe. mein gott, er war ein schöner grande, so wohlgestalt und wohlgenährt. nun liegt sein haupt auf meinem estrich und du und du und du bist schuld daran.

Ich werde es nie und nimmer zum zweiten versuchen. oh meister, seid kein allzu harter bartscherer oder ich will euch das becken um die ohren schlagen und euren wanst mit seife füllen. er war so duldsam, sass so still, so einsam und so gottbeflissen, selten schenkte man seinen stummen augen gehör und seine blinden klagen blieben unbesehen. die anderen tobten und schrien und warfen den lieben gott aus einer ecke in die andere, wenn sie nicht gleich unters messer kamen. nur er war still, nur er war duldsam! da sass er oft bis zur dämmerung und kam am nächsten tage zweimal. solch missgeschick in meinem hause zu ungeratner stund. oh gott, du strafst mich zwiefach. die fama wird den glorienschein von meinem becken verscheuchen. weh mir.

das leben ist ein hartes brot
drum bet und mehre gottes lob
lobe gott nach christen art
dann bleibt dir schmach und leids erspart.

ich werde den bettelstab nehmen müssen, und vom almosen meiner gläubiger leben.

man wird doch noch

sei still, sei still und sei still, versuche nicht durch eitles geschwätz deine arbeit zu versäumen, pack den kopf fort, streue mehl auf und . . . schnell, ich höre ein schönes geschäft, sporen dem pferd, das lohnt sich. setz dem leichmann meinen hut auf.

(feldhauptmann tritt auf. federhut, silberkürass mit gold beschlagen etc.)

eure martialische hoheit belieben sich den bart scheren zu lassen?

(setzt sich in den stuhl neben die leiche)

fast hätt ers erraten, er darf ihn stutzen.

habt dank, ihr edler herr.

der nichtsnutz soll mir die nägel schneiden.

oh herr . . .

was ist?

mein gott!

was solls?

er darf nicht.

ich aber wills.

er ist ein schelm.

so ruft ihn.

seht mich zu euren gnaden im staube. meinen dank, ihr seid ein edler herr. ich will euch auch die finger artig beschneiden.

du bist ein braver kerl und gut gewachsen. du wärst ein schöner kriegsgesell mit diesem wuchse.

ach herr.

er ist zu einem taugenichts geboren, dass gott erbarm. erst heut, was hat er da faktiert und nächsten sonntag soll er geselle werden. statt dessen bringt er schimpf und schmach auf meine zunft, auf dieses haus.

so weist mir doch die tür. ich sehe wohl, dass ich nichts tauge.
(feldhauptmann) item, wie steht dein sinn?
ich möchte kriegsmann sein wie ihr so stolz und gross und sorgenfrei ein feldhauptmann auf hohem ross.

und wälzt er sich im schwarzen blut
wird der menschenfresser heiter
er fasst axt und frohen mut
wandelt auf des rohsinns leiter

(feldhauptmann lacht ein wenig verlegen)
ei sieh, so war das nicht gemeint.
seht meine brust voll kampfeslust, ist sie nicht wert die feindeskugeln zu empfangen, die tausend säbel für den kaiser, so werd ich hauptmann, general.
du dummer teufel wirst ein rippencaspar und nie und nimmer ein general. verzeiht oh herr die eitle rede, dies darf ich euch nicht glauben für vaterland und kaiser. durchsticht ein feind mein blutig herz mit einer solchen tiefen wunde, als wollt er es zu stücken reissen, so wird's mir gott miraculöser weis erhalten.
(vielleicht gesungen, halb gesungen oder nicht)
denn wie wollts möglich sein, dass dieses schwache herz bei solcher marter anders leben sollt? müsste nicht ein solches herz für leid zerspringen? das doch kein menschenherz bestehen könnt.
(meister erregt) er will also pulver statt seife riechen. vielleicht ist ihm mein gewerbe auch zu nieder, zu gemein.
ich geb es zu und ich bereue jeden tag, den ich bei euch geblieben bin.
faulenzen und den trommeln nachlaufen.
(fast weinend)
den trommeln nachlaufen und faulenzen.
(lukas ganz erstaunt) aber herr
(feldhauptmann wird ärgerlich) diebsgesindel, ihr sollt nicht nur meinen beutel rasieren, ihr sollt auch meinen bart stutzen.
(meister wischt mit seinem ärmel über die augen) ja, herr.
(meister und lukas ergeben wieder eine gewisse einigkeit; meister zieht noch zwei oder drei striche mit dem Messer)
mit verlaub, herr.
(feldhauptmann wieder jovial, nimmt ein goldstück aus dem beutel, zahlt, nimmt einen kupfernen groschen und gibt ihn lukas, dieser küsst ihm die hand)
nehmt ihr mich mit?
du hast ja keine waffen.
(blickt sich schnell im raume um, voll angst der feldhauptmann könnte den laden verlassen)
ich kann die hörner nehmen, mit (zum meister gewendet) eurer gnade.
nehmt ihr mich mit?

ei sieh, das leben ist ein grössrer spass und erst das sterben und sterbenlassen. die hörner sind zu klein.
es ist ein schönes stiergeweih, der meister hats gewonnen, als er noch in der hauptstadt war und in der arena kämpfte.
potz blitz, da habt ihr wohl den stier geschoren und manchmal auch den bart gedreht mit euren heissen eisen.
(meister) seht, herr, o herr, ich lebte zu madrid bis an die tausend monde und war ein eifriger bewunderer des stierkampfs. doch kaufte dies geweih um wenig geld ich bei einem metzger, weil ich den stier nicht selbst erlegen konnte. so kauft ich mir die hörner um einen halben bart. fürwahr, es war nicht teuer. und wenn ichs dem knaben anders erzählt, dann wars nur deshalb, weil sein kleiner sinn so grosse leidenschaft in diesem rahmen von seife und riechwasser gewiss nicht verstanden hätte. ihr seht, ich war kein held, auch nicht zu madrid.
(feldhauptmann nickt dem meister jovial und abschneidend zu, wendet sich halb zum ausgang. geht dem ausgang zu. der meister macht seine verbeugung. lukas stürzt ihm nach, fällt auf die knie, nimmt seine hand, hält sie halb unter die wange, halb unter das kinn)
(aufgeregt) nehmt mich mit, herr!
(feldhauptmann zieht seine hand aus den händen lukas')
komm nach.
(aufgeregter) genügen die hörner?
(begütigend) die hörner genügen.
nehmt mich mit!
(feldhauptmann durch die perlenschnüre – tuch, wenns sein muss, türe – ab. meister verbeugt sich tief und oftmals in bestimmten rhythmen)
komm nach! (vielleicht hört man, dass er sein pferd besteigt)
ich komme!
(meister) er reitet.
ich gehe. (kurze pause)
ich komme.
(vorhang)

(aus dem 2. aufzug)

baumschulgärtner: (räuberhauptmann) ihr meine bäume, geliebte schüler mit den ewig plappernden blättern, säuselnden ästen, meine kinder. eure heimat ist der sand, ein sandiger garten, eine ausgedörrte sonne, schlenkert die wipfel, singt euer kleines lied, liebt euch, vertragt euch, verdunkelt das licht, in eurem schatten will ich ruhen. steine, steine, kleine steine, die euch drücken, die euch quälen, macht euch luft, sie treiben euch empor, immer höher, bald wird es nacht sein unter eurem laub.

(einer seiner schüler) wir sind deine schüler, und wir werden wachsen, um ihn zu erreichen, um ihn zu überwuchern, um ihn einzudunkeln

lukas: lasst mich bei euch bleiben,
lasst mich mit euch sein,
lasst mich an eurem leben der freiheit teilhaben

(sie wollen ihn fressen, er soll ihr opfer sein, im letzten augenblick erkennt er es und flieht.)

(1955)

der analfabet

beilage für alle feinde des analfabetismus.
hat seinen freunden nichts zu bieten.

elf figuren wechseln ihre standorte.

dieses beliebte gesellschaftsspiel beschäftigt nachfolgendes stück
nicht ohne hinreichende gründe.
das ist eine erklärung.
nicht ohne hinreichende gründe.
das ist eine erklärung.
andere sind ebenfalls zutreffend.
alle erklärungen bleiben mangelhaft; so lasse ich es bei dieser bewenden.

postscriptum:
u. a. verwendete standorte (alle für sich möglich, manche in der kombination gültig: personen
charakter
geschlecht
zeit
ort
u. a. verwendete variationen des standortes:
entfernung
entfernung und rückkehr
addierte formen obiger bewegungen
sowie unverändert zu bleiben.
die veränderungen des charakters oder auch der ganzen person ist ein bekanntes, kaum beachtetes, kaum wahrgenommenes ereignis, das gefällige betrachtung jedoch wohl verdiente. um solches fänomen deutlich zu machen, habe ich das geschlecht als variablen faktor eingeführt, als weniger abgenütztes ausdrucksmittel. ich hätte als auftretende realität auch
11 frauen
11 kinder oder
11 hermafroditen verwenden können.
eine *mischung* war unmöglich, weil SIE in solchem falle dinge vermutet hätten, die nicht sind, d. h. SIE hätten theatralische aktionen sentimental verschleiert und sich den angelegenheiten in unerwünschter identifizierung hingegeben.
(für meine freunde:
»mein mann hat sich gestern auch aufgehängt« oder »hübsches mädel«) vielleicht hätten SIE an den zusammenhängen und betrübli-

chen sowie herzerquickenden, grauenhaft lyrischen, sowie grossartig banalen ereignissen vorbeigelauert, ohne den nötigen abstand zu wahren, der nun IHREN abendanzug als ein geflochtener rauhreif so wunderbar zieret.
ich bitte SIE ferner und gerne um IHRE freude an der schönheit des absurden, an seiner wahrheit etc.
DENN DER FOTOGRAF (PAAR ODER BAR) SAGT:
»kunst muss immer und allen verständlich sein«
oder
»der mensch ist als wesen bekannt«
»das jederzeit oder später bereit ist, kompromisse einzugehen, ohne es zu merken oder nicht ohne es zu bestreiten, der kompromiss ist eine teillösung und die teillösung ist auch eine lösung.«

ferner:
dieses stück möchte ich unter dem aspekt aufgefasst wissen, dass der mensch komisch ist. ferner empfehle ich, sich nicht darüber aufzuregen. mir ist ferner bekannt, dass sich veränderungen oft, sogar meist langsamer vollziehen. ferner: obwohl bei intensiver beobachtung das originaltempo genauso interessant erscheint, bringe ich derartiges in gefälligem gleichnis, kunstfertig konzentriert, um IHRE aufmerksamkeit nicht zu ermüden. da arbeit gespart wird, bei fast gleichem ergebnis, wurde ferner die anzahl der *möglichen* standpunkte auf ein pikantes minimum reduziert. die daraus resultierende geringe anzahl von schichten oder ebenen soll ferner allfälliges verständnis erleichtern.

dieses stück ist sehr lustig.

der analfabet tritt in rudeln und einzeln auf
er überfällt ausflügler

1
2
3
4
5
matrose 1
matrose 2
baumschulgärtner
(falscher) analfabet
lion von belfort
capitän

1 (mit feuer)	es lebe der grosse analfabet!
alle	ja so.
1	du
2	du
3	wir gehen zum baumschulgärtner. er hat seine letzten ersparnisse verbraucht. jetzt merkt auf.
alle ausser 3	man muss den kopf zwischen die beine binden und alle lampen auslöschen.
2	das darf nicht sein.
1 (laut, rhythmisch akzentuiert und einfallend)	
	EIN MUND IST IN KURZER ZEIT MIT EIS BEDECKT.
3	so lasst uns die lampen zerfleischen.
4 + 5	es ist wahr.
2 (sehr zweifelnd)	andere liegen jahrelang auf einem brett?
1	wenn ich immer so gescheit gewesen wäre, hätte ich andere sorgen
4	wer.
2 (mit nachdruck)	überall!
(pause)	
5	ein zehn im schuh ist der name des analfabeten.
1	schäm dich. das sollst du nicht sagen.
5 (überzeugt)	ich *weiss* es!
(entfernt sich, bleibt aber auf der bühne sichtbar)	
4 (traurig)	nicht einmal blumen.
5 (singt)	wer ein glas an den mund setzt, büsst seine lippenhaut ein.
4 (naiv)	warum soll er sich schämen?
1 (macht einen schritt gegen 4?, beschwichtigend, mit grosser geste und überzeugend)	
	ich werde alle belohnen!
(zu 3)	du hältst die feiertage ins arrestzimmer und setzt deine feldmütze auf.
4	es lebe der analfabet!
alle (explosiv gegeneinander, übereinander, durcheinander)	
	du siehst an diesem beispiel, dass meine weisheit unergründlich ist.
2	salz
4	und
5	zucker
1	zerfliessen
4 + 5	salz und
5 + 1	zucker
4	trocknen
2	ein

5 + 1 umarmt euch.

2 darf ich?

4 + 1 nein. nicht jetzt.

2 träume ich?

alle (lauter) so umarmt euch!

1, 2, 4 wie?

5 ich bin verloren

2 ich will, dass du zum baumschulgärtner mitgehst; weine nicht.

4 (drängt sich vor, brüllt)
hilfe!

2 er wird ewig hinken, er hinkt

1 ich bin dieser unglückliche

5 da hast du dein vomhörensagen zurück,
(stösst 1) aber lass mich zufrieden

2 ich unglücklicher (als ob er gestossen worden wäre)

1 (erregt) jetzt hab ich dich, jetzt hab ich dich.
(packt 2) wehr dich nur wie du willst; was mir in die hände kommt, lass ich nicht mehr los.

alle (stehen stramm, exaktes unisono)
der analfabet gebärdet sich wölfisch!

4 ich zittere

5 hört, ein haifisch schreit aus leibeskräften!

2 jetzt kommt die katastrofe

4 warten wir

2 das ist sehr lehrreich

4 ja ja ich geh schon

2 (wiederholend) geh schon

4 wenn ich schreie, werden die putzfrauen kommen.

2 ein schöner trost, da möchte ich lieber begraben sein

4 und dich begraben lassen

2 so?

4 wenn du vor angst umkommst, werde *ich*
den matrosen heiraten

2 (mit wehmut, dieser ausruf steht sehr einsam)
ach seemann

(längere pause)

2 was soll aus dir werden, wenn ich sterbe!
(nicht auf den 4 gerichtet, aber für 4 ins blaue gemeint)

(pause)

ein verfluchter tag.
ich kratze euch die augen aus (in sich)

alle ausser 2 bravo

2 (applaudiert hysterisch?)
bravo

(applaudiert hysterisch?)

(ende der ersten szene)

alle wir gehen zum baumschulgärtner

4 da heirate ich lieber einen anderen matrosen

2 sie kommen und wollen dich holen

4 fein, jetzt sehe ich, dass du mich wieder liebst

2 so küsse mir die Hand

4 ich werde mich hüten.

2 dann will ich dir noch einmal verzeihen

4 suppe mit fleisch

2 wenn ich aber an dein fleischherz denke

4 zumal gebraten

2 was ist das fleisch gegen die liebe

4 eben deswegen

2 (nachdenklich) es ist mir unbegreiflich, wo du die matrosen das letzte mal gesehen hast.

4 sprich nicht vom wasser

2 aber ich trinke wasser

4 sprich nicht vom feuer

2 ich-das-feuer-meines-zorns-ersticke

4 ich werde jetzt danke sagen

2 (sehr aufgebracht)
was hast *du* mir zu verzeihen, *du* musst mir danken (wendet sich 4 zu) wenn ich dich wieder nehme

4 ich verzeihe dir (nach vorn)

2 endlich bist du wieder vernünftig

(ende der zweiten szene)

1 also doch gefressen

2 aber mit pfeffer

1 ich lebe wieder auf

2 das ist allerdings ein vorrecht

1 der capitän wird doch kein narr sein?

2 (betont) vom ganzen herzen

1 fressen? man frisst doch nur gemeine matrosen

2 (höhnisch) ein spass vorm tod?

1 hör auf mit solchen spässen; verstehst du

2 (ruhig) ja so ist es
1 was?
2 die frauen fressen die toten frauen und
die männer fressen die toten männer
1 was ist das für eine gewohnheit?
2 kennst du unsere sitten und gebräuche nicht mehr?
1 du sollst froh sein, dass du mich losgeworden bist
2 soll ich nicht weinen?
1 na, warum weinst du denn?
2 du bist gemein
1 oder sehr edel?
2 du bist so faul
1 oder sehr fleissig?
2 ja gegen andere
1 oder sehr freundlich?
2 so hässlich wie ein kassenbote
1 sehr schön vielleicht?
2 du bist ein stockschnupfen
1 bin ich denn ein heuschnupfen? (wendet sich 2 zu)
beide (ab)
(ende der dritten szene)

5 die trauer scheint überall in mode zu sein;
ein wahres fest für alle die da leiden wollen
matrose o ja
5 grüss gott wird auch gefressen?
(wendet sich matrosen zu)
matrose ich komme um dich zum begräbnis einzuladen
(wendet sich 5 zu)
5 du musst zwiebeln einkaufen (nach vorn)
matrose ja morgen ist alles vorbei (nach vorn)
5 und morgen ist alles vorbei
matrose heute abend wird er begraben
5 der capitän (?)
matrose (blick nach vorn, neigt kopf seitlich, hand ans ohr)
wer?
5 nimm dirs nicht so zu herzen
matrose er hat sich aufgehängt (hell, nach oben)
5 alle achtung, er hat sich aufgehängt (freudig)
matrose (richtigstellend) aber nein, er ist nach hause gegangen
(entgegnend) und hat sich aufgehängt

5 (verstehend) da wird er noch schnell zu mir gelaufen sein, (erkennend) um sich trauerkleider zu borgen

matrose (erzählend eindringlich)
hör zu, nach ein paar stunden kommt so ein kerl und erzählt ihm, dass ich krepiert sei (zuwendend eindringlich)

5 (stimmt zu) ja lügen können sie alle (nach vorn)

matrose als ich diesen morgen ausfuhr, um ihn zu retten, da stand er am ufer und sah nach den möven (lyrisch wie ein gedicht nach vorn)

5 (befriedigt) siehst du!

matrose was?

5 (herzlich) ich gratuliere. (neugierig) ist er tot?

matrose (seufzend) wenn er nur am leben wäre

5 so?

matrose er war meine frau

5 das ist der magen

matrose das steuerruder meines lebens

5 hast du dein steuerruder zerbrochen? was ist dir denn passiert?

matrose mit mir ists aus (beide hände in den magen krampf)

5 (erfreut) da bist du ja
(sehr zart) ein schöner matrose (nach vorn, wie bei vision)

matrose (glücklich) mein 5! (nach vorn)

5 (ganz kalt) na, was gibts neues?

matrose (verfällt) ach ja. (sinkt stehend in sich zusammen)

(ende der vierten szene)

matrose 2 (über die bühne spazierend, verbindlich)
er wird sich schon nicht aufhängen

(ende der fünften szene)

1 ich verliere die geduld, was für ein widerliches theater!

(bleibt bis zum ende der szene an seinem platz)

matrose 1 leb wohl (hand über den augen, sonnenschützend, fernblickend)

matrose 2 leb wohl (ebenso)

matrose 1 wenn man die maschinen um nachtschwalben ordnet

matrose 2 das wäre entsetzlich

matrose 1 ohne lebewohl

matrose 2 so schlage die findelkinder ein

matrose 1	ich tue alles was du willst
matrose 2	schau betrunkene kinder in allen saucen und gewürzen, überall betrunkene kinder, auf der strasse, in der suppe (zeigt auf gegenstände herumeilend) sogar der hilfskellner ist betrunken.
matrose 1	ich seufze
matrose 2 (zornig)	was denn, was denn, was soll das! (wendet sich zu)
matrose 1	komm in meine güterbeförderung und vergiss nicht, die fenster zu schließen. (wendet sich. sehr kurze pause der überraschung) (mit pathos) o der göttliche, er schläft sonst bis mittag!
(falscher) analfabet	(erinnert in dieser szene penetrant an einen automatten, tritt auf) ich bin bloss euretwillen um eine stunde früher aufgestanden. jaaa jaaa ein saa'ch'verständiger haaat auch seinen maaa'ch'erlohn.

5 (tritt im hintergrund einen winzigen, aber merkbaren schritt in richtung zum (falschen) analfabeten?)

matrose 2	(während der oben geschilderten Bewegung des 5) wolltest du nicht entzückt sein?
matrose 1	ja

(die sechste szene friert ein)

matrose 1	wenn es nicht so dunkel wäre, dann wenn es nicht so dunkel wäre, dass wenn es nicht so schrecklich dunkel wäre
matrose 2	wenn es aber etwas weniger dunkel wäre wenn es dunkler oder wenn es dunkler wäre
matrose 1	jetzt wäre der augenblick da, um ein duett zu singen.
matrose 2	auf meine ehre?
matrose 1	ohne zu klagen
matrose 2	dann singe ich mit dir
matrose 1	und wenn es nicht gelingt?
matrose 2	ich werde dir helfen
matrose 1	aber mein husten, alle meine krankheiten
matrose 2	sie haben auch ihr gutes; komm singen wir
matrose 1	singen wir was anderes

matrose 2 warum?
matrose 1 jetzt wäre der augenblick da, um ein duett zu singen
matrose 2 auf meine ehre?
matrose 1 ohne zu klagen
matrose 2 dann singe ich mit dir
matrose 1 und wenn es nicht gelingt?
matrose 2 ich werde dir helfen
matrose 1 aber mein husten, alle meine krankheiten
matrose 2 warum?
matrose 1 singen wir was anderes
matrose 2 jetzt sollen wir ein duett singen
matrose 1 ohne zu klagen
matrose 2 dann singe ich mit dir
matrose 1 und wenn es nicht gelingt?
matrose 2 warum?
matrose 1 und wenn es nicht gelingt?
matrose 2 dann singe ich mit dir
matrose 1 ohne zu klagen
matrose 2 jetzt wäre der augenblick da, um ein duett zu singen.
(ende der siebenten szene)

mehr als alle[1] (sitzend?)
mein gott, das wird eine richtige liebeserklärung
lion von belfort (tritt auf. musik)
1 sehr galant
lion von belfort (geht während dieser szene von der rechten seite der bühne auf die linke und ab)
2 ich seh ihn gern
3 wir sassen bei tisch einander nicht gegenüber
4 was meine lippen verschwiegen, das sagten meine augen
5 die narbe kleidet ihn sehr wohl
alle jetzt sind wir wieder allein.
(ende der achten szene)

ödes felseneiland[2]
der baumschulgärtner im kreise aller
baumschulgärtner ich seufze und schweige. diese leidenschaft verschloss ich in meiner brust,
doch war es vergebens. bravo, bravo.

1 ein sprechchor hinter der bühne und alle

2 das bühnenbild dieser szene ist ein bestimmtes.

(vor ihm liegt regungslos ausgestreckt, als ob er tot wäre, der lion von belfort)

1 er ist noch schöner geworden

baumschulgärtner er ist gewachsen und gut gewachsen

1 (springt auf) ich will meine keuschheit aus patriotismus opfern.

alle ausser 1 und baumschulgärtner (der sich so weit vorbeugt, dass man seinen gesichtsausdruck nicht mehr erkennen kann)

hurra ein opfer!

1 (setzt sich)

2 (springt auf) ich will meine keuschheit aus patriotismus opfern!

alle ausser 1 und baumschulgärtner (wie oben)

hurra 2 opfer

1 (springt wieder auf; *während* seines satzes setzt sich 2, um noch *während* des satzes wieder aufzustehen)

ich will meine keuschheit aus patriotismus opfern.

alle ausser 1 und baumschulgärtner (wie oben)

hurra 3 opfer

1, 2 und 1 (gellend) faalsch!!

(pause)

nur *zwei* opfer

(betretenes ende der neunten szene)

2 nichts ist hierzulande wenig.

3 das heisst: nichts.

2 her damit!

3 ich schenke dir alles was ich habe

2 (enttäuscht) gibst du mir denn nichts?

(ende der zehnten szene)

lion von belfort[3] ich möchte ein stadtschüler sein

3 ich dementiere meine auf seite 27 geäusserte behauptung, denn ich will auch für diese szene ein bestimmtes bühnenbild vorschlagen. ich erwarte vielleicht ein klassenzimmer mit ansteigenden bankreihen, die einem amfitheater gerecht bleiben. ferner wären zwei nicht ansteigende bankreihen im vordergrund zu erwägen, welche dem publikum alle darsteller dieser szene (ausser dem lion) in rückansicht bieten würden, um den lion zu akzentuieren.
ob die verwendete bezeichnung »alle« nur die in einer szene genannten, oder die numerierten darsteller meint und die *namentlich* fixierten, vor allem den (falschen) analfabeten, ausschließt, liegt ebenso in der hand des regisseurs und seiner auffassung, wie der verbleib der in einer szene nicht agierenden schauspieler in irgendeiner (möglicherweise dezenten) haltung im hintergrunde.
die mit (?) versehenen regieanweisungen sollen als anregung verstanden werden.
schmetterlingskasten? landkarten? etc.?

alle wir verzeihen dir, dass du es nie gewesen bist
lion mit wem habe ich die ehre?
matrose 1 und matrose 2
du bist der löwe von belfort
lion bitte seid mir nicht böse
alle hast du uns was mitgebracht?
lion ihr habt wieder alles vergessen
alle *du* hast wieder alles vergessen
1 geh zum zirkus
2 als komponist
3 als dirigent
4 als stallknecht
matrose 1 clown!
matrose 2 als löwe
alle (leiernder kinderchor, durchdringend und unangenehm)
als löwe, als löwe, als löwe
lion (erregt) artistenvolk!
alle (wie oben) als löwe, als löwe, als löwe
lion (leise?) ich möchte ein stadtschüler sein
alle (wie oben) als löwe, als löwe, als löwe
lion (weint bitterlich)
(ende der elften szene)

alle (hinter den beiden matrosen, vielleicht im hintergrund. die beiden matrosen stehen im brennpunkt!)
(fad) hoch lebe der grosse analfabet!
matrose 1 der analfabet lebt
matrose 2 ja
matrose 1 ich habe ihn nie gesehen
matrose 2 jetzt muss ich gehn
matrose 1 heute sind die wetterfahnen wieder voll eis
matrose 2 innen
matrose 1 ich habe ihn auch nie gesehen
matrose 2 die sind ja nur aussen voll *schnee*
matrose 1 seine zähne sind weiss wie schnee und kalt wie eis
matrose 2 er hat einen fleischmagen
matrose 1 und rauhreif im bart für den winter
matrose 2 niemand kennt ihn
matrose 1 niemand überlebt ihn
matrose 2 das ist besser
matrose 1 und wahr
matrose 1 hast du angst?
matrose 2 ja ich habe eine frühreife angst

matrose 1 er hat unzählige verwandlungen
matrose 2 (im neuigkeitengesellschaftston)
ich hab mich in eine gliederpuppe verliebt
matrose 1 ist ja nicht wahr
matrose 2 (wie oben)
ich hab mich in eine gliederpuppe verliebt
matrose 1 hast du dich in deine alte gliederpuppe verliebt
matrose 2 ich bin ihr ein sehr zuverlässiger hauslehrer
matrose 1 ich möchte wissen, wo du sie aufgetrieben hast
matrose 2 ja das möchten viele wissen.
(ende der zwölften szene)

5 (monoton-rhetorisch)
die alpenvölker tragen bergstöcke
(pause)
5 (wie oben) die alpenvölker tragen bergstöcke
alle die alpenvölker sind kriegskünstler
(ein stan-kenton-riff wiederholt sich bis zum ende der szene)
4 (die gellenden strofen der strassburger bauart)
5 (unterjochen quecksilbersublimat mit konjunktiven kunststopfereien)
4 bitte
5 lass (indigniert)
4 + 5 das.
5 wie gehts? (verneigung, gesellschaftlich)
4 wie gehts? (verneigung, gesellschaftlich)
5 (wie oben) die alpenvölker tragen bergstöcke
4 du meinst wohl, dass die schweizer das alphorn in ihrem wappen führen
5 die alpenvölker tragen bergstöcke
3 die alpenvölker *halten* bergstöcke
2 (düster) die alpenvölker entleiben sich mit bergstöcken
1 (verlässt angeekelt mit vor dem mund gehaltener Hand die szene)
5 (wie oben) die alpenvölker tragen bergstöcke
(ende der dreizehnten szene)

der capitän tritt mit leichenbestatterhut, matrosenanzug (kinder-!), einem *falschen* bart, schärpe, offizierspatent mit siegeln, gehänge mit degen und gedrehtem silberstock auf:
unsere erdbestattung kennt verschiedene leistungen (als marktschreier?)
matrose 2 spende mir trost (wendet sich zu, eindringlich)
capitän (als priester) das ist nicht so einfach, du bist verzweifelt (priesterlich)

matrose 2 (mürrisch) was hast du gesagt? (nach vorn)
capitän (als vertreter eines bestattungsvereins)
wünschen sie die üblichen zeremonien?
matrose 2 nur das beste
capitän (als klassischer mime mit erhobener schwurhand)
was verbrannt wird kann nicht verzehrt werden
matrose 2 du gräbst ihn ein.
capitän (als hofrat mit hörrohr)
wie bitte?
matrose 2 (viel lauter) eingraben (zu capitän aber ohne seinen standort zu verlassen, vorgebeugt, wie über einen fluss rufend)
capitän selbstverständlich
matrose 2 glauben sie?
capitän von wem sprichst du eigentlich?
matrose 2 ich weiss nicht, es ist schrecklich heiss heute.
capitän (nähert seinen Kopf dem des matrosen und blickt zu ihm auf. leicht geöffneter mund, zerfliessend)
bist du schön?
matrose 2 (schliesst die augen oder hält die hände vors gesicht. er richtet seinen kopf dem capitän mit gehobenem kinn entgegen.)
ich glaube ja, aber um die wahrheit zu sagen, bin ich genauso blind wie du
(ende der vierzehnten szene)

der löwe von belfort (im südwester?)
man trägt in dieser saison keinen hut zum südwester
verstehst du?
keinen hut zum südwester!
5 (als OPFER; aller wahrscheinlichkeit mit derben stricken gefesselt, stehend, im südwester? es regnet? das wasser läuft in strömen über die südwester? in einem schlafzimmer? in einem badezimmer? auf einer kommandobrücke? in einem aquarium, vor einem aquarium? wenn 5 fällt, stellt ihn der löwe auf, ohne den dialog zu unterbrechen)
5 du siehst im südwester ohne seemannshut einfach *lächerlich* aus!
der löwe von belfort (beiläufig)
deine kniescheiben sind zerschlagen
5 (die arme sind nicht gebunden, er zieht an den krempen seines hutes. die ähnlichkeit mit einem babyhütchen ist dadurch unver-

meidlich. er erinnert an eine 40jährige gutgehendepraxisarztensgattin voropernballig, er schmollt, er sprüht gift)
ich werde allen erzählen, dass du schnarchst

der löwe von belfort keine schlechte idee, ich werde dich mit frischen salatblättern garnieren

5 (ein éclat) *ich habe röteln*

der löwe von belfort (schliesst ein grösseres geschäft ab) nehmen wir unserer ersten eingebung folgend den nächsten zug in die provence

5 wenn wir dagegen den selbstkostenpreis betrachten

der löwe von belfort der grausamste ist der hauptpreis

5 eine grausame wahrscheinlichkeit

der löwe von belfort eine grosse wahrscheinlichkeit haben preislisten

5 nichts ist rachsüchtiger als preislisten

der löwe von belfort (überreicht sie)
hier sind preislisten

(ende der fünfzehnten szene)

1 vergiss nicht wo du bist . .

3 das ist kein beweis

2 wer weiss . .

1 hast du feinde . . (?)

2 + 3 hast du freunde . . (?)

1 ganz recht

3 ich werde euch (*ganz*) exemplarisch bestrafen lassen!

1 (sehr ruhig) natürlich

2 (wie 1) ganz recht

1 (mit gemässigtem pathos)
der mensch ist gut

2 der mensch ist das herz aller dinge

1 er hat ein weiches herz

2 aber das herz . . (?)

1 das herz ist gut

2 herzliche grüsse . .

1 meinen herzlichen glückwunsch . .

3 (leise) herzschnapsen . .

1 ich herze mein liebchen – abends . .

2 das sollst du auch

1 du kennst mich also?

2 du bist der kaiser von china!

1 ja

3 dann ist es also wahr . . (?)

2 ich kann es nicht glauben (!)

1 ich bin auch ein *kaiser!*

2 und wer *bist* du?

1 mein *matrose* ist ein kaiser

2 und wer ist dein matrose?

1 *du, ich* und *mein matrose*

2 (überlegt)

2 (zu 3) er hat sicher einen grund, mit uns sprechen zu wollen

3 (1) er soll nicht so laut sein

2 + 3 er soll uns nicht in die ohren schreien

1 er soll soldat werden, wir werden es ihm verbieten

2 wir werden es ihm *nicht* verbieten

3 ICH WERDE ES IHM BEFEHLEN

2 meinetwegen kann er auch matrose bleiben

3 (geistig schmatzend) so richtig den matrosen geniessen, diese fähigkeit habe ich zum glück völlig verloren

1 (ab?)

2 je mehr wir uns dem studium der marine widmen, desto weniger bleibt für den kaiser

1 den kaiser von china . .! (geht langsam und lustwandelnd ab)

3 (2) komm, wir wollen uns ins gras legen und den matrosen genießen

2 (3) sehr gern, aber gib mir deine hand

3 (2) was verstehst du unter hand?

2 (3) selbstverständlich eine hand

3 (2) du wirst alt, ich werde auf dich aufpassen müssen

2 (3) (ärgerlich) bitte unterbrich mich nicht

3 (2) gut, aber erst möchte ich etwas fragen.
was verstehst du unter hand?

2 (3) die hand ist eine amerikanische zigarettensorte.

3 (2) das ist gefährlich

2 (3) aber wahr; der matrose verfolgt seinen capitän und gewinnnt von diesem seine wirkung

3 vielleicht ist der matrose der beste richter seines capitäns. sein urteil wird ohne zweifel grossen wert besitzen.

2 im gegenteil, der matrose ist weit davon entfernt, der beste richter seines capitäns zu sein.

	ein echter matrose ist zu einem urteil gar nicht fähig.
(mit emphase)	seine gier treibt ihn blind über die ozeane.
3	du behauptest also, ein matrose stehe der schönheit eines capitäns blind gegenüber, weil er von anderer art sei?
2	ganz recht!
3	du meinst das im ernst?
2	du verwirrst mich! gehst du so weit, zu behaupten, dass alle capitäne den matrosen gefährlich werden?
3	ja, in der praxis ist dies der fall
2 (kühl)	vielen dank, das wäre alles
3	nach wem soll ich fragen?
2	nach dem ersten matrosen
3	ohne namen . .?
2	der name ist nicht wichtig
3	und wenn er falsch ist?
2	fangen wir noch einmal an
3 (leise)	hast du bedacht, dass wir den analfabeten vergessen haben?
2	nicht so laut
3 (laut)	es lebe der große analfabet!

alle (kommen aus dem vorhang und rufen heftig applaudierend)
bravo, bravo

(die sechzehnte szene schliesst, als ob das stück zu ende sei)

capitän	ich lade dich zum begräbnis ein
matrose	da mußt du zwiebeln einkaufen
capitän	ja morgen ist alles vorbei
matrose	und morgen ist alles vorbei
capitän	heute abend wird er begraben
matrose	der capitän
capitän	wer?
matrose	nimm dirs nicht so zu herzen
capitän	er hat sich aufgehängt
capitän	da wird er noch schnell zu mir gelaufen sein, um sich trauerkleider zu borgen
matrose	hör zu, alle paar stunden kommt so ein kerl und erzählt mir, dass er gestorben sei
capitän	ich gratuliere. ist er tot?
matrose	was?
capitän	er lebt.
matrose	so?

capitän dieser herr ist meine braut
matrose ja so ist es
capitän was?
matrose die frauen fressen die toten frauen und die männer fressen die toten männer
capitän was ist das für eine gewohnheit?
matrose kennst du unsere sitten und gebräuche nicht mehr? du solltest froh sein
capitän ich werde mich hüten
matrose dann will ich dir noch einmal verzeihen
capitän vergiss nicht, wo du bist
matrose das ist kein beweis
capitän wer weiss
(ende der siebzehnten szene)

ein gemieteter zuschauer springt enthusiastisch auf die bühne. er wird nach seinem ersten bravo von den schauspielern der letzten szene – also »capitän« und »matrose« (1 oder 2) – niedergeschlagen. vorhang.

(1956)

die vögel

wo gehen sie hin?
gehen sie nicht weg
kommen sie herein
ich kann nicht bleiben
gehen sie hinaus
gehen sie zu
geben sie es zu
gehen sie
gehen sie weg
halten sie sich nicht auf
lassen sie das sein
lassen sie mich gehen
halt
lassen sie mich
bleiben sie
bleiben sie ruhig
bleiben sie weg
bleiben sie auf ihrem weg
gehen sie weiter
gehen sie am weg weiter
gehen sie etwas weiter weg
weg da
still
halten sie still
stehen sie still
verhalten sie sich ruhig
machen sie halt
rühren sie sich nicht
bewegen sie sich nicht
rasten sie ein wenig
machen sie sich bewegung
wenigstens ein wenig
gehen sie auf und ab
nähern sie sich mir
kommen sie her
halten sie die hand her
geben sie die hände her
lassen sie sich ein wenig helfen
behalten sie platz
machen sie platz
etwas platzt auf

so kommen sie doch her
lassen sie die tür zu
machen sie die tür zu
machen sie die türen weit auf
rühren sie sich
bewegen sie sich
kommen sie mir nicht zu nahe
gehen sie dahin
kommen sie hieher
es ist näher
es ist besser
machen sie keine umstände
ich mache keine umstände
es ist weiter
es ist ein ziemlich weiter weg
es ist noch weiter weg, als ich dachte
kommen sie ohne umstände
ich bin müde
ich kann nicht weiter
sie sollten ein wenig ruhen
ruhen sie aus
zeigen sie mir den weg
helfen sie mir weg
helfen sie mir auf
gehen sie voraus
ich danke ihnen
ich will abschied nehmen
da haben sie recht
ich habe nicht recht
sie haben unrecht
lassen sie mich nicht allein
ich komme wieder
ich glaube ja
ich glaube nein
ich sage ja
es ist wahr
ja in der tat
aber sie lügen
geben sie acht
geben sie her
nehmen sie nur
sie sagen nicht die wahrheit
so sagen sie die wahrheit nach
nehmen sie vernunft an

nehmen sie an
nehmen sie sich zusammen
das kann nichts ändern
was soll ich tun?
sie haben recht
ich kann es nicht glauben
schweigen sie
das ist nicht wahr
sie haben unrecht
ich glaube sie haben nicht recht
ich glaube ihnen
ich höre ihnen zu
ich kann nicht mehr
ich weiss nicht mehr
es ist mir entfallen
was fällt ihnen ein
das gefällt mir nicht
das lasse ich mir nicht gefallen
es ist nur ihnen zu gefallen
um ihnen zu gefallen
erweisen sie mir doch diese gefälligkeit
hören sie auf mich
so hören sie doch auf
hören sie
so hören sie doch
ich kann sie nicht hören
hören sie mich?
ich höre sie nicht
sprechen sie lauter
hören sie zu
hören sie?
kommen sie einmal her
ich höre
man kann das eigene wort kaum hören
so sagen sie doch ein wort
worauf warten sie?
so sagen sie doch
machen sie keinen lärm
sie lärmen
ich bitte sie
was ist das für ein lärm
sagen sie
sprechen sie
sprechen sie leiser

sie betäuben mich
sie machen mich taub
da sind die tauben
da kommen die tauben
sehen sie
sehen sie doch
so sehen sie doch
da kommen die tauben in riesigen schwärmen
so machen sie die augen auf
ich sehe
ich sehe doch, dass sie kommen
sie bringen den regen
sie zeigen den regen an
sie fliegen vor ihm her
es wird regnen
es wird den ganzen tag regnen
es regnet
ich bin nass
meine kleider sind nass
es schneit
es friert
es taut
es ist der regen
es wird aufhören
die tropfen zerplatzen
auf der haut
und auf den strassen
liegen die taubeneigrossen schlossen
die sonne geht auf die sonne
geht unter
der himmel ist voll mit sternen
schliessen sie die augen
bedecken sie die augensterne mit den lidern
machen sie die augen zu
ich habe die augen ja geschlossen
wie spät ist es?
es ist eins
es ist zwei
es ist drei
es ist vier
es ist fünf
es ist sechs
es ist sieben
es ist acht

es ist neun
es ist zehn
es ist elf
es ist zwölf
es ist eins wie das andere
wie spät es ist
lassen sie mich einmal ihre uhr sehen
sie gehört mir
der zeiger ist gebrochen
das zifferblatt ist zerbrochen
das gehäuse ist zerbrochen
das werk ist zerbrochen
die feder ist abgebrochen
das glas ist zerbrochen
es ist etwas zerbrochen
hören sie mich an
können sie mich hören
wollen sie mir gehören?
sie werden von mir hören
sie wollen mich nicht erhören
ich bin nicht taub
mit wem sprechen sie?
ich spreche mit ihnen
sprechen sie mit mir
sagen sie etwas
ich habe gehört
man hat mir gesagt
so sagt man
und hört man
alle sagen
steigen sie doch auf
fliegen sie doch fort

(1956)

die boxer

in der mitte der bühne ist ein boxring aufgebaut.
in den ecken diagonal gegenüber sitzen 2 junge männer.
sie tragen bademäntel über ihren strassenanzügen.
beide anzüge sind schmal geschnitten, einer der anzüge ist gestreift.
sie sitzen auf klappstühlen und haben unverschnürte boxhandschuhe an den händen.
jeder hat seinen manager.
die manager betreuen ihre schützlinge.
sie massieren die handgelenke ihrer schützlinge.
sie bringen coca-cola.
die boxer trinken coca-cola.
die manager erteilen ratschläge.
die boxer sitzen bewegungslos in ihren ecken.
im hintergrund hängt ein gong von der decke.
neben dem gong steht der regisseur.
der regisseur schlägt auf den gong.
die handschuhe bleiben unverschnürt, die bänder hängen herunter.
die bademäntel werden abgenommen.
die 1. runde beginnt.
die boxer gehen in stellung und aufeinander zu.
sie stilisieren den beginn eines boxkampfes.
sie markieren das abtasten zu beginn eines boxkampfes ohne einander mit den handschuhen zu berühren.
1 löst sich vollkommen aus der stellung und nimmt die haltung eines sprechenden ein.
während 2 die haltung eines sprechenden einnimmt.

bei den letzten sätzen einer runde bringen die boxer ihre arme, beine, den körper wieder in eine markierte kampfstellung. wenn der gong ertönt, wanken sie mehr oder weniger groggy wieder in ihre ecken zurück. manchmal, bei besonders tiefschlagenden endsätzen, berührt einer oder beide den boden, der regisseur beginnt zu zählen, sie erheben sich oder er erhebt sich. der regisseur notiert die punkteanzahl auf einer deutlich sichtbaren tafel mit weisser kreide. mitunter hängen sie auch in den seilen. während des dialogs wankt der eine oder andere oder beide in völlig gesprächiger haltung. sie wanken deutlich wenn sie die entsprechenden sätze bekommen haben. jeder satz ist ein schlag. nicht jeder satz trifft. manche sätze können abgedeckt werden.

nach jeder runde werden die boxer von ihren managern gelabt. aktionen wie zu beginn des kampfes. die handschuhe bleiben an den händen. der vorhang fällt nicht. wenn der kampf zu ende ist und der letzte zuschauer den saal verlassen hat fällt der vorhang.

rohfassung

1: ich wünsche ihnen alles mögliche glück,
es freut mich unendlich, sie zu sehen,
ich wünsche ihnen alles, was ich mir selbst wünsche.
2: seien sie willkommen.
1: guten morgen.
2: wie befinden sie sich?
1: ihnen aufzuwarten, sehr wohl.
2: wie geht es?
1: ihnen aufzuwarten.
2: und wie geht es ihnen?
1: ich befinde mich wohl.
2: es freut mich, sie wohl zu sehen.
1: ich danke ihnen sehr,
ich bin ihnen sehr verbunden.
2: wie befindet sich ihr herr bruder?
1: gott sei dank, er ist wohl, ich glaube, er ist wohl.
gestern abend war er wohl.
2: das ist mir lieb.
wo ist er?
1: auf dem lande.
2: in der stadt?
1: zu hause.
2: er ist vorhin ausgegangen.
1: es ist möglich.
2: empfehlen sie mich ihm.
1: wie befindet sich madame?
2: sie sind sehr gütig, ziemlich wohl.
1: ich glaubte sie sehr wohl.
2: sie ist nicht sehr wohl.
sie ist etwas unpässlich.
1: das tut mir leid.
2: gestern früh war sie unpässlich.
1: das hat nichts zu bedeuten.
2: wie befinden sie sich?
1: sehr wohl
2: es freut mich, dies zu vernehmen.
1: ich danke ihnen vom herzen.

2: wie geht es ihnen?
1: so, so.
so ziemlich.
2: ich war gestern etwas unpässlich.
1: das tut mir sehr leid.
2: wie befinden sie sich zuhause?
1: es ist alles beim alten.
2: befinden sich unsere freunde auf dem lande und in der stadt wohl?
1: sie sind alle wohl, bis auf meine mutter.
2: was fehlt ihr?
1: sie hat fieber, leibschmerzen, den husten, migräne.
sie hat kopfschmerzen.
2: das tut mir leid.
ist sie schon lange krank?
1: noch nicht lange.
2: ich wünsche besserung.
ich will hoffen, dass es keine folgen haben wird.
1: sie ist ihnen verbunden.
2: ich bin ihr gehorsamer diener, es ist mir leid, dass ich sie heute nicht sehen kann.
1: setzen sie sich einen augenblick.
2: ich kann wirklich nicht.
1: sind sie so in eile?
2: ich komme wieder.
1: können sie nicht ein wenig warten?
2: sagen sie ihrer mutter, wie leid mir ihre unpässlichkeit ist.
1: ich werde es unfehlbar tun.
2: ich bin gekommen, ihre güte in anspruch zu nehmen.
1: sie haben nur zu befehlen.
2: sie sind sehr gütig.
1: sie sind zu höflich.
2: ich danke ihnen.
1: keine ursache.
2: sie sind in der tat sehr gütig.
1: sie erzeigen mir grosse ehre.
2: sie scherzen.
1: ich bitte ja.
2: ich glaube ja.
1: ich glaube nein.
2: ich sage ja.
1: ich möchte wetten.
2: ich wette.
1: ich wette was sie wollen.
2: es ist wahr.

1: es ist nur zu wahr.
2: ja, in der tat.
1: kein wahres wort ist dran.
2: es ist ein märchen.
1: es ist eine lüge.
2: es ist eine unwahrheit.
1: sie sagen nicht die wahrheit.
2: so wahr ich lebe.
1: glauben sie mir.
2: ich schwöre ihnen.
1: auf ehre?
2: bei meinem leben.
1: auf meine ehre.
2: auf mein gewissen.
1: ich rede aufrichtig mit ihnen.
2: ich will sterben, wenn ich lüge.
1: man hat sie betrogen.
2: ich bin nicht schuld.
1: ich kann es nicht ändern.
2: was soll ich tun?
1: sie haben recht.
2: sie haben nicht recht.
1: sie haben unrecht.
2: ich kann ihnen nicht glauben.
1: schweigen sie.
2: wollen sie nicht still sein.
1: nun, ich glaube es.
2: ich glaube es *nicht*.
1: ich gebe es zu.
2: meinetwegen, es sei.
1: es war nur ein scherz.
2: ich habe nichts dagegen.
1: wie dumm.
2: wie klug.
1: geben sie acht.
2: erwägen, bedenken, überlegen sie.
1: das kann ich nicht.
2: sie verdienen es nicht.
1: quälen sie mich nicht länger.
2: lassen sie mir ruhe.
1: nicht wahr?
2: ohne zweifel.
1: um die wahrheit zu sagen,
2: gesagt, getan.

1: sagte ich die wahrheit.
2: halten sie mich zum besten?
1: ich spreche in vollem ernste.
2: sie haben es erraten.
1: sie haben es getroffen.
2: ich glaube ihnen.
1: das ist nicht unmöglich.
2: nun, es mag sein.
1: sachte, sachte. das ist nicht wahr.
2: ich scherzte bloss.
1: dann sind wir einig.
2: was sagen sie?
1: was ist das?
2: was?
1: darf man wissen?
2: was wollen sie sagen?
1: wozu?
2: was halten sie davon?
1: wozu soll das gut sein?
2: darf man fragen?
1: was verlangen sie von mir?
2: wie, mein herr?
1: was wünschen sie?
2: was ihnen gefällig ist.
1: ich bitte, antworten sie mir!
2: verstehen sie mich?
1: ich verstehe sie wohl.
2: ich verstehe sie nicht.
1: haben sie mich verstanden?
2: jetzt verstehe ich sie.
1: wenn sie sich mühe geben.
2: wenn sie nicht so schnell sprechen würden.
1: wenn sie anständig betonen würden.
2: sie haben keine gute aussprache.
1: sie sch-tottern.
2: man versteht nicht, was sie wollen.
1: was wollen sie?
2 geht bis 3 zu boden oder berührt
1: wie alt sind sie?
2 richtet sich wieder auf
1: wie alt ist ihr bruder?
2: er ist 22 jahre alt.
1: sie sind älter als ich.
2: sie fangen an alt zu werden.

1: ich bin wohlauf, das ist die hauptsache.
2: sind sie verheiratet?
1: lassen sie das sein.
2: wie oft waren sie verheiratet?
1: lassen sie das sein.
2: wieviel frauen haben sie gehabt?
1: lassen sie das sein?
2: leben ihre eltern?
1: mein vater ist tot.
2: meine mutter ist tot.
1: es sind zwei jahre, dass ich meinen vater verloren habe.
2: meine mutter hat sich wieder verheiratet.
1: wieviel kinder haben sie?
2: ich habe vier.
1: söhne oder töchter?
2: ich habe einen sohn und vier töchter.
1: wieviel brüder haben sie?
2: ich habe keine brüder.
1: ja, sie sind alle tot.
2: wir müssen alle sterben.
1: (pathetisch oder ganz kalt?) jede stunde ist ein schritt näher zum tode
2 schlägt sehr hart auf

2 stürzt in den ring
2: ich breche dir den hals.
1: du bist ein halunke.
2: du bist ein schurke.
1: seht euch den dummkopf an.
2: wenn ich einen stein finde, sollst du es mir büssen.
1: warte, ich will dich gleich zur vernunft bringen.
2: das wollen wir doch sehen. tagedieb.
1: flegel.
2: schlafmütze.
1: du solltest dich schämen.
2: kümmern sie sich um ihre angelegenheiten.
1: lassen sie mich in ruhe.
2: der nichtsnutz ruht auf seinen lorbeeren.
1: sind sie ein unwürdiger mensch.
2: es ist nicht möglich sie auszustehen.
1: sie sind lügenhaft.
2: sie sind unaufrichtig.
1: sie sind einseitig.
2: sie sind parteiisch.

1: sie sind unpünktlich.
2 muss sich mit einer hand auf den boden stützen. der ringrichter beginnt zu zählen. 2 steht wieder auf
1: wie geht es ihnen?
2: (beifällig) gut, sehr gut.
1: wie befinden sie sich?
2: wohl. und sie?
1: so, so. ziemlich wohl. (schwankt bedenklich)
2: es freut mich sie wohl zu sehen.
1: ebenfalls.
2: ich bin ihnen sehr verbunden.
1: immer noch der alte.
2: gott sei dank.
1: ich habe ihre frau schon lange nicht gesehen.
2: sie ist nicht wohl.
sie ist unpässlich.
1: das tut mir leid.
machen sie ihr meine empfehlung.
2: ich danke ihnen.
1: ich tue es mit vergnügen.
2: ich werde nicht ermangeln, ihre gütige empfehlung auszurichten.
1: sie erzeigen mir viel ehre.
2: sie machen sich viel mühe.
1: ich bin ihnen verbunden.
2: ihr diener. (verbeugt sich leicht)
1: ihnen zu dienen macht mir keine mühe.
2: ihr ergebener diener.
1: sie sind sehr gütig.
2: befehlen sie nur frei und ohne scheu.
1: ohne umstände.
2: ohne umstand.
1: ich liebe sie vom herzen.
2: (schwankt bedenklich) und ich . . .
1: zählen sie auf mich. verlassen sie sich auf mich.
2: befehlen sie über mich.
1: ich bin ihr diener. (verbeugt sich leicht)
2: beehren sie mich mit ihren befehlen.
1: haben sie etwas zu befehlen?
2: sie haben nur zu befehlen.
1: ich stehe ganz zu befehl.
2: ich erwarte nur ihre befehle.
1: sie erzeigen mir zuviel ehre.
2: sie ehren mich mit ihren befehlen.
1: wir wollen keine umstände machen.

2: unter freunden macht man keine umstände.
sie werden allmählich groggy
1: empfehlen sie mich ihrem herrn vater und der lieben schwester
2 geht ins linke knie
2: ich will es tun, um ihnen zu gehorchen, bloss ihnen zu gefallen.
1: ich liebe so viele umstände nicht.
2: ich mache nicht gerne umstände.
1: das ist am besten.
2: da haben sie recht, wir wollen gute freunde bleiben.
1 windet sich in krämpfen am boden. bevor k. o. ertönt der gong.

2: wissen sie etwas neues?
1: was gibt es neues?
2: wissen sie nichts neues?
1: man sagt nichts neues.
2: was sagt man in der stadt?
1: ich erinnere mich nicht genau.
2: man spricht von guten neuigkeiten.
1: sagen sie das gegenteil und sie werden recht haben.
2: das habe ich gehört, aber ich glaube das gegenteil.
1: das bedarf einer bestätigung.
2: warum?
1: man weiss nicht, wem man glauben soll.
2: es wird ausserordentlich gelogen.
1: von wem haben sie das?
2: ich habe es gehört.
1: lassen sie uns von etwas anderem reden.
2: ich bin ihrer meinung.
kleine atempause, beide stehen keuchend im ring
2: ach, herr alexander, verzeihen sie, ich hatte sie nicht gesehen. (gibt ihm eins auf die nase)
2: wie dick sie geworden sind. (gibt ihm noch eins)
1: lieber freund, ich darf ihnen meinen glückwunsch abstatten.
2: weswegen?
1: ich habe gehört, dass sie den vorigen kampf gewonnen hätten.
2: es ist wahr, ich habe gewonnen.
1: wie war es? (schlägt ihn aufs ohr)
2: nach punkten.
1: das ist gut.
2: es ist besser als nichts.
1: das glaube ich gern.
2: aber sie kämpfen ja auch jedesmal.
1: ja, ich finde mein vergnügen daran.

wo gehen sie hin?
wo kommen sie her? (schlägt ihn)
ich gehe nach hause.
ich komme von zu hause.
ich gehe irgendwo hin. (weinerlich)
geh hinauf!
komm herauf!
geh hinunter!
komm herunter!
komm herein!
geh hinaus!
geh zu!
halten sie sich nicht auf!
bleiben sie ruhig!
rühren sie sich nicht!
nähern sie sich mir!
gehen sie weg!
gehen sie!
gehen sie nicht weg!
machen sie ein wenig platz!
gehen sie ein wenig zurück!
kommen sie her!
warten sie ein wenig!
warten sie auf mich!
gehen sie nicht so schnell!
sie gehen zu schnell!
packen sie sich fort!
ich stehe hier gut.
kommen sie mir nicht nahe!
lassen sie das sein!
machen sie sich keine mühe!
kommen sie hierher!
gehen sie dahin!
gehen sie hierher!
es ist besser, wir gehen da hinaus.
es ist näher.
es ist weiter.
wir wollen diesen weg nehmen.
wir wollen geradeaus gehen.
wen suchen sie?
ich bin ausgegangen.
sie sind irr gegangen.
zeigen sie mir den weg.
ich bin erst seit kurzem hier.

. . . . . .
hören sie, mein herr.
auf ein wort.
was beliebt?
ich will mit ihnen sprechen.
ich habe ihnen ein wort zu sagen.
hören sie mich gefälligst an.
wissen sie schon, dass.
ich weiss es nicht.
ich habe nichts davon gehört.
ich wusste es eher als sie.
kennen sie mich?
kennen sie mich?
ich kenne sie nicht.
ich weiss nicht wer sie sind.
was sagen sie?
ich verstehe sie nicht.
sie hören mir nicht zu.
ich kenne sie dem namen nach.
ich kenne sie dem rufe nach.
ich kenne sie vom sehen.
weil ich sie irgendwo gesehen habe.
ich erinnere mich nicht, wie sie heissen.
wissen sie noch, was ich ihnen aufgetragen habe?
ich weiss es nicht mehr. es ist mir entfallen.
was bedeutet das?
wozu das?
was ist das?
hören sie mich?
ich höre sie nicht.
ich kann sie nicht hören.
sprechen sie lauter!
hören sie, kommen sie einmal her!
ich höre ihnen zu.
seien sie ruhig.
machen sie keinen lärm.
was ist das für ein lärm?
man kann sein eigenes wort nicht hören.
was machen sie da für einen schrecklichen lärm?
sie zerbrechen mir den kopf!
sie machen mich taub!
sie sind sehr lästig!
ich wusste es wohl.
wusste ich es denn nicht?

gesetzt, sie wüssten es?
ich soll nichts davon wissen?
haben sie es vielleicht erfahren?
ich wusste nie etwas davon.
ist es so oder ist es nicht so?
nicht, dass ich wüsste.
haben sie mich vergessen?
ich habe ihren namen vergessen.
ich kenne sie nicht mehr.
sie haben mich ganz vergessen.
ich habe die ehre, mit ihnen bekannt zu sein.
ich erinnere mich ihrer sehr wohl.
. . . . . .
sprechen sie laut.
sie sprechen zu leise.
mit wem sprechen sie?
sprechen sie mit mir?
sagen sie etwas.
ich höre und spreche ein wenig.
was sagen sie?
halten sie das maul!
ich schweige.
sie wollen nicht schweigen.
sie reissen nur ihr maul auf.
ich habe gehört.
man hat es mir gesagt.
so sagt man.
jedermann sagt es.
haben sie es mir gesagt?
hat man es ihnen gesagt?
wann haben sie es gehört?
ich habe es heute gehört.
wer hat es ihnen gesagt?
ich kann es nicht glauben.
was sagst du?
ich sage nichts.
sag das nicht.
ich will es sagen.
ich will es nicht sagen.
sagen sie kein wort.
haben sie etwas gesagt?
ich habe nichts gesagt?
haben sie es nicht gesagt?
was tun sie?

was haben sie getan?
ich tue nichts.
sind sie fertig?
sind sie nicht fertig?
ich habe nichts getan.
was wollen sie?
was verlangen sie?
antworten sie mir!
warum antworten sie mir nicht?
was sagen sie?
was ist das, was gibt es?
was sagt man?
was bedeutet das?
was wollen sie sagen?
wozu?
was verlangen sie von mir?
wie, mein herr?
was wünschen sie?
was sie wollen.
ich bitte, antworten sie mir!
. . . . . .
nehmen sie einen stuhl und setzen sie sich.
. . . . . .

sprechen sie lauter. sie sprechen zu leise.
mit wem sprechen sie? sprechen sie mit mir?
sagen sie was. sprechen sie deutsch? können sie deutsch?
ich verstehe und spreche ein wenig.
was sagen sie?
halten sie das maul!
ich schweige.
ich habe gehört, dass sie schweigen.
sie wollen nicht schweigen.
sie können nichts als plappern. sind ein lästiges plappermaul!
man hat es mir gesagt.
so sagt man.
jeder sagt es.
sie haben es gesagt.
sie haben es mir nicht gesagt.
haben sie es nicht gesagt?
wann haben sie es gehört?
ich habe es nie gehört.
wer hat es ihnen gesagt?
ich kann es nicht glauben.

was sagen sie?
ich sage nichts.
sie haben mir nichts gesagt?
sie haben mir etwas gesagt.
sagen sie das nicht.
ich will es ihnen sagen.
ich will es ihnen nicht sagen.
sagen sie kein wort.
ich will es ihnen verschweigen.
sagen sie es ja nicht.
haben sie es gesagt?
ich habe es nicht gesagt.
haben sie es *nicht* gesagt?
haben *sie* es nicht gesagt?
was tun sie?
was haben *sie* getan?
ich tue nichts.
sind sie fertig?
sind sie *nicht* fertig?
was soll ich tun?
was soll ich tun?
was wollen sie tun?
was finden sie, soll ich tun?
was haben sie nötig zu tun?
was verlangen sie?
antworten sie mir.
warum *antworten* sie mir nicht?

sind sie müde?
ja.
verstehen sie mich gut?
haben sie verstanden, was ich gesagt habe?
verstehen sie, was ich sage?
verstehen sie mich?
ich verstehe sie wohl.
ich verstehe sie nicht.
verstehen sie deutsch?
ich verstehe es ein wenig.
versteht es der herr da? (er zeigt auf den ringrichter-regisseur)
er versteht es nicht.
haben sie mich verstanden?
jetzt verstehe ich sie.
(pause, beide stehen einander keuchend gegenüber)
wenn sie nicht so schnell sprechen würden.

sie haben eine verdammt schlechte aussprache.
sie stottern.
ich verstehe nicht was sie wollen.
was sagen sie?
was ist das?
was gibts?
was sagen sie?
was bedeutet das?
was wollen sie sagen?
wozu dient das?
wozu?
was halten sie davon?
wozu haben sie das gesagt?
sagen sie mir, darf man etwas wissen?
darf man fragen?
was verlangen sie von mir?
wie, mein herr?
was wünschen sie?
was sie wollen.
ich bitte, antworten sie mir.

ist es erlaubt?
nur herein.
(b) gott behüte sie. (a schwankt getroffen, b hat auf ihn geschlagen)
ah, herr alexander, seien sei willkommen.
sie hier? wie geht es?
zu ihren diensten.
wohl, ihnen aufzuwarten.
wahrhaftig, sie sehen aus wie das leben.
und sie sind frisch und munter.
sehr verbunden.
womit kann ich dienen? sie wissen, dass ich ihnen zur verfügung stehe und sie hier alles tun können um zu gewinnen.
sehr verbunden. ich bin nur hergekommen, um mich nach ihrem befinden zu erkundigen und mich einen augenblick zu unterhalten, wenn es ihnen nicht lästig ist.
wieso, mich belästigen? ich bin ihnen im gegenteil sehr dankbar.
sprechen sie!
ich danke, ich habe soeben gesprochen.
so lassen sie uns noch ein wenig sprechen.
meinetwegen.
nehmen sie die linke.
nein, mein herr, hier ist die rechte. (schlägt zu)
das war ein herrliches gespräch. (wankt)

aber wieviel uhr ist es denn?
(blickt auf die uhr) gerade . . . (genaue zeitangabe)
mein freund, dann muss ich sie verlassen. sie entschuldigen, es tut mir leid.
nicht nötig. wenn sie erlauben, werde ich sie begleiten.
sie erweisen mir viel ehre.
soll ich meinen mantel nehmen?
es ist nicht kalt.
wir wollen schnell fortgehen.
(beide gehen in ihre ecke ab. sie weisen die mäntel zurück, welche ihnen ihre manager umlegen wollen, und erwarten die nächste runde)

wie ist das gespräch?
hören sie nicht, was für ein gespräch es ist?
es ist ein schönes gespräch.
es ist ein schlechtes gespräch.
unser gespräch lässt sich gut an.
heute haben wir ein schönes gespräch.
es ist ein sehr schönes gespräch, das schönste gespräch des jahres.
wir sind schlecht besucht.
wir brauchen mehr publikum.
der sprecher braucht publikum.
ein teil der zuschauer hat den saal verlassen.
wir haben nichts zu befürchten.
fürchten sie sich vor den zuschauern?
das hat nichts zu sagen.
wie finden sie die stimmung im hause?
ich kann es nicht sagen.
fangen sie an.
(sie schlagen)
es ist warm.
es ist sehr schwül, drückend heiss, eine hitze zum verschmachten.
ich kann diese hitze nicht ertragen.
ich verschmachte vor hitze.
ich schwitze.
(a) ich triefe.
(b stellt sich plötzlich abseits, presst die arme an die seiten, starrt vor sich her) mich friert.
(auch a wird steif, beide stehen erstarrt und schwanken ein wenig, nach einiger zeit gehen sie plötzlich und ohne einander anzublicken auf ihre plätze)

wollen sie einen tausch mit mir treffen?
was wollen sie tauschen?

diesen handschuh.
wogegen?
gegen einen ihrer handschuhe.
nein, nein.
warum wollen sie nicht tauschen?
was geben sie mir heraus?
im gegenteil, sie müssen mir herausgeben.
wieviel wollen sie haben?
was er wert ist.
er ist mehr wert als der ihre.
er ist nicht soviel wert.
ich gebe nicht mehr.
sie scherzen.
sie wollen doch nicht haben, dass ich verlieren soll?
ich gebe was er wert sein kann.
sie verstehen es nicht.
ich will nicht handeln. er ist nicht mehr wert.
er kostet mich selbst mehr.
(beide verhandeln in händlerposen sind ganz vom kampf abgekommen)
wir hoch ist ihnen dieses zeug zu stehen gekommen?
ich weiss es nicht mehr.
war es teuer?
er war nicht billig.
woanders hätten sie billiger gekauft.
nun, wollen sie tauschen?
meinetwegen.

wer sind sie?
ich bin sprecher.
wer hätte das vermutet?
da haben sie sich geirrt.
wie alt sind sie?
ich glaube ich bin 25 jahre alt.
sie scheinen mir nicht so alt zu sein.
ich kann nicht jünger sein.

(die beiden boxer schleppen zwei mannequins in den ring. letztere verhalten sich stumm und sind ganz steif oder wie gummi. könnten auch richtige gliederpuppen sein. hübsche mädchen wären besser)
wo ist *deine* puppe?
hier ist sie.
ist sie angezogen? warum ziehst *du* sie nicht an?
ich habe keine zeit.

soll ich sie dir anziehen?
du wirst mir einen gefallen tun.
wo sind ihre strümpfe? und ihre schuhe, ihr hemd, ihr kleid und ihr unterrock?
da ist alles.
ziehe ihr die schürze an und setze ihr die haube auf.
meine puppe ist hübscher als deine.
nein, meine ist hübscher.
das glaube ich nicht.
frage den herrn. (zeigt ins publikum)
(a zum publikum) welche ist die hübscheste von diesen puppen?
(eventuelle antworten aus dem publikum werden nicht beachtet.
(b einlenkend) sie sind alle beide sehr hübsch.
wir wollen unsere püppchen in das bett legen.
meinetwegen.
wir wollen sie ausziehen.
wir wollen ihnen ihr nachtzeug anziehen.
sie liegen schon im bett, komm schnell.
mach keinen lärm, sie wachen sonst auf.
(ausnahmsweise fällt der vorhang)

wo kommst du her?
von zu hause.
wo gehst du so eilig hin, bleib hier.
ich habe keine lust mehr. geh mit.
warte ein wenig.
(a) komm doch.
(beide gehen. a schlägt auf b)
(b) warum sprichst du im gehen? (bleibt stehen)
halte dich nicht auf.
wie spät ist es?
es ist noch nicht aus.
verschwinde!
(jeder geht in seine ecke)

(in gesellschaftlicher haltung, cocktailparty)
warum kommst du so spät?
ich hatte zu tun.
du bist ein fauler kerl.
bleibe auf deinem platz.
geh von meinem platz.
warum stösst du mich?
wer rührt dich an?
werde nicht böse.

ich werde mich beklagen.
sag es wem du willst.
daran ist mir wenig gelegen.
du hast mich gerissen.
du lachst mich aus.
du hast mich bei den haaren gezogen.
du trittst mich.
du stösst mich von meinem platz.
das ist nicht wahr.
(RINGRICHTER-REGISSEUR) RUHE!
(a zu b) verzeihen sie mir.
(b zu a) ich bitte sie, verzeihen sie mir nur das eine mal.

(beide stehen einander schweigend gegenüber, endlich b schüchtern, leise zu a) wie macht man das?
wo sind deine handschuhe?
hier.
zieh sie an.
bist du fertig?
noch nicht.
was machst du?
stosse mich nicht.
mache mir ein wenig platz.
du hast platz genug.
rücke ein wenig.
(pause. a stellt sich vor b) also, sprich etwas.
(b beginnt)
(a) ein wenig höher hinauf. (b spricht höher)
(a) etwas tiefer. (b spricht tiefer)
(b) wie tief darf ich sprechen?
(a) bis hierher. (ganz tief gesprochen)
(b hört auf) helfen sie mir.
(a) sie müssen hierher sprechen (zeigt auf seine ohren)
(b) wer hat das gesagt?
ich weiss es.
sie erklären das schlecht.
sie bekommen schläge.
sie verdienen nicht anderes als schläge.
(sie fallen übereinander her und prügeln sich bis sie sich am boden wälzen. der ringrichter muss sie trennen)

(nach k.o.schlag. beide schlagen schon aufeinander ein, tänzeln etc. ringrichter zählt)
schlafen sie?

sind sie noch im bett?
wachen sie auf! wie träge sie sind!
sie sind sehr verschlafen.
sind sie noch nicht wach?
(b schlägt ihn nieder) wachen sie rasch auf!
ist es denn schon zeit?
freilich.
(a) gleich zählt er neun. (er lässt den ringrichter bis neun zählen und steht dann auf)
beeilen sie sich!
nehmen sie sich in acht, sie fallen!
auch sie könnten leicht fallen.
kommen sie näher.
(b) alles was ich ihnen sage, macht keinen eindruck auf sie. (schlägt zu. der andere fällt, gong, er führt den anderen, a blutet, im gehen gong. sie fangen wieder an, bleiben aber noch im gespräch)
(b) waschen sie sich die hände, den mund und das gesicht. spülen sie die zähne aus.
sie bilden sich ein, jeder werde sie loben.
was hat das mit dem zu schaffen, was ich sage? ziehen sie die handschuhe an.
helfen sie mir. schnüren sie mich zu. warum helfen sie mir nicht?
(betreuer ziehen sanitäterkleider an, nehmen tragbahre)
sind sie schon fertig?
noch nicht.
wie langsam sie sind.
beten sie.
sprechen sie laut.
fangen sie an.
vorwärts.
machen sei ein ende.
wo ist ihr gebetbuch?
bringen sie ihre bibel her.
(manager bringt die bibel, boxer ist am krepieren?)
suchen sie geschwind.
lesen sie ein kapitel.
(der andere murmelt unverständlich)
sie halten ihr buch nicht recht.
lesen sie langsam.
buchstabieren sie jedes wort.
sie lesen zu geschwind.
sie lesen nicht gut.
(er verändert das gesicht zu einem erstaunten tobsuchtsanfall, er hat den anderen nicht angesehen, der zu ihm hin liest, während er

vor sich her in richtung publikum starrt, brüllt auf) sie lesen zu langsam!
sie lernen nicht.
sie geben auf nichts acht.
sie lernen nichts.
sie kommen nicht weiter.
sie sind sehr faul.
was murmeln sie da?
fangen sie wieder von vorn an.
(der andere hat sich erholt und sagt) das ist nicht meine aufgabe.
das *ist* ihre aufgabe.
geben sie mir eine andere aufgabe.
(empört) warum sprechen sie deutsch mit mir?
sprechen sie manchmal?
ja, aber nie anders, als mich zu unterhalten.
sprechen sie gern?
ich spreche nur zum zeitvertreib.
aber mich dünkt, das sprechen sei eine sehr gefährliche unterhaltung.
das ist war, doch nur, wenn man zuhört.
ich spreche gern.
dann ist verlust oder gewinn eine kleinigkeit.
sprechen sie mit kraft oder kommt es auf die geschwindigkeit oder tonhöhe an?
was verstehen sie unter geschwindigkeit, tonhöhe?
(der andere denkt und schweigt, zögernd) schwerkraft? fliehkraft?
und wenn es auf die geschicklichkeit ankäme?
(der andere schweigt und wird geschlagen)
sprechen sie oft?
sehr selten.
warum?
weil es viele sehr gewandte betrüger gibt.
man läuft grosse gefahr, da sie wie ordentliche leute aussehen.
nun, was für ein gespräch wollen wir?
welches sie wollen.
wir wollen dieses gespräch sprechen.
wie es ihnen beliebt.
sprechen ist jetzt sehr in mode.
wieviel sprechen wir diesmal?
wir wollen zum zeitvertreib so hoch wir können sprechen.
sprechen wir so viel wir können.
wir wollen doppelt so viel sprechen.
wie es ihnen gefällig ist.
wieviel geben sie mir vor?
sie wollen eine vorgabe und sprechen doch so gut wie ich.

soll das ein ganzes gespräch sein?
nein, es fehlt noch einiges.
also fahren wir fort.
ich habe eine schlechte sprache.
sie müssen eine gute haben, da ich keine habe.
meine sprache setzt mich in verlegenheit.
sie sprechen nicht gut, das ist wahr.
ich habe meine sprache verloren.
das ist gleich.
sind drei sätze mit drei beistrichen gut?
nein, ich habe vierzehn vom strichpunkt an.
sprechen sie aus.
ich sage nur satzgegenstand und satzaussage, ich hoffe das genügt.
ich habe die sprache gewonnen.
ich habe sieben worte.
ich habe die sprache verloren.
sie haben die sprache gewonnen.
sie sind mir noch ein gespräch schuldig.
sie waren mir auch ein gespräch schuldig.
so geht es auf.
noch ein gespräch.
recht gern, mit vielem vergnügen.
hier darf kein anderes als ein gespräch unter freunden geführt werden.
nur eine kleinigkeit um das gespräch zu beleben: worüber wollen wir sprechen?
wenn es ihnen recht ist, wollen wir sprechen.
wie sie wollen.
wollen sie sprechen?
was wollen sie sprechen?
mein herr, ein wort.
wir wollen zusammen sprechen.
(a und b) dieser herr und ich sprechen zusammen.
wer spricht?
sie!
das ist recht, das nenne ich sprechen.
sie sind ein meister.
diesmal habe ich eine gute sprache.
sie verstehen das sprechen nicht.
betrügen sie mich nicht.
sehen sie mir nicht in den mund.
machen sie den mund zu.
geben sie acht, was herauskommt.
(jubelnd) wir haben die sprache gewonnen!
ich mag nicht mehr sprechen.

ein andermal sprechen wir länger.
es ist auch besser so.

schlagen sie zurück!
sie sind ein schlechter partner.
sie haben mich noch nicht besiegt.
sie können noch verlieren.
um wieviel ist es gegangen?
das ist einerlei.
das nächste mal wollen wir mehr sprechen.
wann sie wollen.
wir wollen auf die matten gehen. (zuruf)
wir wollen sprechen.
wieviel geben sie mir vor?
ein wort, mehr kann ich nicht geben.
das ist so viel wie nichts.
sie wissen nicht, wie viel eins ist.
sie sind ein starker sprecher.
nun, so fangen wir an.
ich habe sie getroffen.
sie sind stärker als ich. ich habe nichts mehr zu sagen.
(zum schiedsrichter) zwei für mich, ich habe den schlag gemacht.
wie stehen wir?
(blickt auf die tafel) vierzehn zu sechs.
ich spreche mein lebtag nicht wieder.
noch haben sie nicht verloren.
heute bin ich zum sprechen nicht aufgelegt.
was ist ihnen?
(der andere krümmt sich)
ich bin krank. ich weiss nicht was mir fehlt. ich fühle mich sehr unpässlich.
man sieht es ihnen wohl an. zeigen sie den puls. er ist wirklich unruhig. (pause. schlägt ihn?) was fehlt ihnen? (pause. schlägt ihn. der andere wankt)
zeigen sie mir ihre zunge. sie ist etwas belegt. strecken sie sie ein wenig mehr heraus. (schlägt ihn auf magen, kopf und brust)
seit wann?
seit kurzer zeit.
sie sollten schlafen. (schlägt ihn)
ich habe nicht schlafen können.
und lassen sie wasser? haben sie esslust?
gar keine.
(greift ihn an) sie haben das fieber. ihr puls geht sehr unregelmässig.
es liegt mir wie blei in allen gliedern.

heute dürfen sie durchaus nichts zu sich nehmen.
das fällt mir nicht schwer, denn ich habe keine esslust.
biegen sie den arm. (pause) gehen sie nicht aus. halten sie sich warm.
sie werden bald gesund werden. seien sie getrost.
gehen sie schon fort?
ja, ich muss.
ich bitte sie, kommen sie wieder.
ich komme unfehlbar.
darf ich nach ihnen rufen lassen?
lassen sie nur rufen. (pause, denkt nach) reichen sie mir ihren rechten arm.
tun sie mir nicht wehe. (pause. er wird ganz fest in die klammer genommen. arm verdreht) sie halten meinen arm zu fest.
(ringrichter verwarnt)
schlägt zu, betrachtet) das blut fliesst sehr gut.
ich fühle mich ein wenig leichter.
(schlägt auf ihn ein) halten sie sich warm. machen sie, dass sie schwitzen. (wird immer schneller)
mein ganzer körper glüht.
sie müssen sich abkühlen.
es fängt an besser mit mir zu werden. ich wäre bald gestorben.
seien sie unbesorgt.
ich fürchte mich sehr.

willkommen.
sie sind sehr besorgt.
wie befinden sie sich heute?
ich kann es nicht mehr aushalten, ich sterbe.
fassen sie mut, lassen sie sich von solchen Kleinigkeiten nicht niederschlagen.
ach, sie wissen nicht, wie viel ich leide. ich stehe schon mit einem fuss im grabe. es ist aus mit mir, ich nehme zusehends ab. meine kräfte nehmen von tag zu tag ab.
ihr zustand ist nicht mehr bedenklich.
diesmal muss ich sterben.
glauben sie mir, es hat nichts zu bedeuten. haben sie noch kopfweh?
(schlägt ihn auf den kopf?)
nicht viel.
das freut mich sehr. haben sie nicht lust zu essen?
ja, ich möchte gern ein huhn essen.
sie sind so gut wie tot.

wieviel uhr ist es?
wissen sie, wieviel uhr es ist?

sehen sie, wieviel uhr es ist.
sagen sie, wieviel uhr es ist.
es ist ein uhr.
es ist viertel zwei.
es ist nicht mehr als halb zwei.
es ist dreiviertel zwei.
es ist auf den schlag zwei.
es wird gleich drei schlagen.
es ist gleich vier.
es hat eben fünf geschlagen.
es ist nicht weit von sechs uhr.
es fehlen noch einige minuten.
es hat sieben geschlagen.
es hat schon vor einer weile acht geschlagen.
es ist mehr als neun uhr.
es ist auf den schlag zehn uhr.
es schlägt eben elf.
es ist zwölf uhr.
es schlägt gleich.
es hat eben geschlagen.
es hat eins geschlagen.
hier hört man keine uhr.
ich habe nicht schlagen hören.
es ist früh.
es ist spät.
es ist erst zwölf uhr.
eben schlug es eins.
es ist zwölf nach der uhr.
es schlägt.
hören sie es schlagen?
ich glaube nicht, dass es so spät ist.
sehen sie auf ihre uhr.
sie geht viel zu früh.
sie geht zu spät.
sie geht nicht, sie ist stehen geblieben.
ich habe vergessen meine uhr aufzuziehen und sie ist stehen geblieben.
wieviel uhr schlägt es?
wie die zeit vergeht.
es ist zeit.
wieviel uhr haben sie?
das ist eine alte uhr, sie taugt nichts.
es ist eine genfer uhr.
es ist eine pariser uhr.

es ist eine repetieruhr.
lassen sie einmal ihre sehen.
sie geht auch nicht recht.
meine uhr ist nicht in ordnung.
es ist etwas darin zerbrochen.
der zeiger ist zerbrochen.
sehen sie wieviel uhr es auf ihrer taschenuhr ist?
die weiser sind nicht richtig.
wo ist ihre sanduhr?
ich kann sie nicht finden, sie ist verloren.
diese uhr scheint sehr gut zu sein.
sie ist ein wahrer schatz.
sie könnte sogar im wasser gehen.
ich habe eine wanduhr gekauft.
sie geht nicht so gut wie die turmuhr.
betrachten sie einmal diese.
das ist eine alte schachtel.
sie ist nicht aufgezogen.
ziehen sie sie auf.
stellen sie sie auf.
dies ist eine sehr gute sonnenuhr.

(letzte runde, gesprächige haltung)
wollen sie springen? ich springe sehr gern.
es ist nicht gut, wenn man gleich nach dem essen springt.
wie springen sie am liebsten?
am gewöhnlichsten springt man mit gleichen füssen.
wollen wir auf einem beine hüpfen?
wie es ihnen beliebt.
das ist ein grosser sprung.
wie hoch springen sie?
mehr als viele meter.
ich wette, ich springe über diesen graben.
ich kann nicht so gut springen wie sie.
wir wollen um die wette laufen.
zu fuss oder zu pferde?
beides.
bestimmen sie das ziel.
dies soll der anfang sein.
dieser baum soll das ziel sein.
ich bin dreimal vom anfang bis zum baum gelaufen.
sie haben das zeichen zum laufen nicht erwartet.
sie sind sehr gut gelaufen.
wie oft sind sie gelaufen?

drei oder viermal.
sie haben den preis gewonnen. (hebt dem anderen die hand hoch. siegerkranz wird gebracht. siegerhandschütteln zum publikum)

(chronologisch nicht erfasste abschnitte)

was ist zu tun?
was sollen wir tun?
was raten sie mir zu tun?
wie kann man der sache abhelfen?
wozu sollen wir uns entschliessen?
warten sie ein wenig.
lassen sie mich nur machen.
wenn ich an ihrer stelle wäre.
es ist einerlei.
es läuft auf eins hinaus.

wie ist das wetter?
sehen sie nicht, wie das wetter ist?
es ist schönes wetter.
es ist schlechtes wetter.
das wetter lässt sich gut an.
heute bekommen wir einen schönen tag.
es ist ein sehr schöner tag, der schönste.
wetter von der welt.
der himmel ist bewölkt.
wir brauchen gutes wetter.
wir brauchen regen.
der himmel bewölkt sich.
wir haben nichts zu befürchten.
es nebelt.
es regnet, es regnet nicht.
es will regnen.
es regnet nicht mehr.
es wird den ganzen tag regnen.
das wetter ist ganz danach.
es regnet schon.
das ist eine wolke.
die wolken sind sehr schwarz.
es regnet in strömen.
bleiben wir hier bis der regen vorbei ist.
es wird bald vorbei sein, es ist ein platzregen.
ich bin ganz nass.
ich bin so nass wie ein pudel.

es ist nur wasser.
mein kleid ist hin.
fürchten sie sich vor dem regen?
das hat nichts zu sagen.
das wasser macht keine flecken.
es schneit ja.
es hagelt, es fallen schlossen.
der schnee schmilzt.
es friert.
sehen sie, diese grossen schneeflocken.
es taut.
das wetter ist sehr lind.
die morgen sind kalt und der fluss ist zugefroren.
die sonne scheint.
es ist windig.
es ist warm.
es ist sehr schwül, drückend heiss, eine hitze zum verschmachten.
ich kann diese hitze nicht ertragen.
ich verschmachte vor hitze.
ich schwitze.
ich triefe vor schweiss.
wir wollen baden.
können sie schwimmen?
der wind wird sehr kalt.
es donnert.
der wind lässt nach.
es blitzt.
sehen sie, wie es blitzt.
ich fürchte mich vor blitzen.
es hat eingeschlagen.
das wetter hellt sich wieder auf.
das gewitter ist vorüber.
wir werden noch mehr regen bekommen.
glauben sie das nicht.
das wetter hellt sich auf.
sehen sie auf die windfahne.
der wind hat sich gedreht.
es ist tag.
es ist nacht.
es wird schon tag, der tag bricht an.
es wird schon nacht, die nacht bricht an.
die sonne geht auf.
die sonne geht unter.
die wolken zerteilen sich, verschwinden und vergehen nach und nach.

ich sehe die sonne.
ich sehe den regenbogen.
das ist ein gutes wetterzeichen.
das ist ein sehr dicker nebel.
man kann einander nicht mehr sehen.
der nebel steigt auf.
aber die sonne fängt an, ihn zu zerstreuen.
das ist ja ein stinkender nebel.
welche jahreszeit ist ihnen am liebsten?
der frühling ist der angenehmste von allen.
die ganze natur erwacht zu neuem leben.
ein gutes wetter.
es ist weder zu warm, noch zu kalt.
alle geschöpfe fühlen jetzt liebe.

wir wollen spazieren gehen, um frische luft zu schöpfen.
wir wollen einen spaziergang machen.
ich will ein wenig spazieren gehen.
wir wollen in der sonne gehen.
wollen sie mitgehen?
kommen sie, ich begleite sie mit vergnügen.
es ist zu heiss.
wir wollen warten, bis die hitze vorüber ist.
wo wollen wir hingehen?
wir wollen in die wiesen gehen.
dieser heitere und freundliche tag ladet zum spazierengehen ein.
es lässt sich keine wolke blicken.
wie wollen wir hingehen?
wollen wir fahren oder gehen?
wie sie wollen.
gehen, das ist der gesundheit zuträglich.
sie haben recht, denn unterm gehen kommt die esslust.
wo wollen wir hingehen?
wir wollen über die wiesen gehen.
ich gehe gern auf dem gras.
wie schön ist es auf dem lande.
wie belaubt die bäume sind.
wir wollen uns in den schatten setzen.
wir wollen uns unter diese laube setzen.
riechen sie den wohlgeruch dieser blumen?
wir wollen einen strauss binden.
wir wollen nach dem felde gehen.
es scheint, der weizen kommt schon heraus.
es ist schönes wetter.

hören sie das gezwitscher der vögel?
welches vergnügen, welche freude.
es gefällt mir sehr gut auf dem lande.
sind sie ein liebhaber der jagd?
wollen sie einmal mit auf die jagd gehen?
ich bin es zufrieden.
ich kenne kein grösseres vergnügen.
hier muss es viel wild geben.
die jäger sagen es.
wir wollen nach hause gehen, es ist spät.
ich bin müde.
wir haben einen grossen spaziergang gemacht.
wir wollen links hinaus gehen.
rechts.
wollen sie auf dem wasser fahren?
wo ist die fähre?
die schiffer?
treten sie in das schiff.
wir fahren bloss über den fluss.
das wasser ist sehr ruhig und still.
es fängt an, wellen zu schlagen.
wo wollen sie anfahren?
wir sind am ufer.
halten sie das schiff an.
wir wollen die blicke auf diese felder und wiesen werfen.
welch eine schöne aussicht!
diese wiesen sind mit einer vielfalt von blumen geschmückt.
welch schönes grün!
dies ist ein sehr angenehmer ort.
die bäume blühen.
die rosenstöcke fangen an zu knospen.
der weizen wächst.
der weizen steht sehr hoffnungsvoll.
die ähren sind sehr gross.
der weizen ist schon reif.
das ist eine schöne ebene.
wie schön das alles ist!
es ist mir, als wäre ich in einem irdischen paradiese.
wir sind noch nicht im mai.
sie gehen sehr geschwind.
ich kann ihnen nicht folgen.
es ist mir nicht möglich, sie einzuholen.
sie sind schlecht zu fusse.
ich bitte sie, gehen sie ein wenig langsamer.

wir wollen einen augenblick ausruhen.
es ist nicht der mühe wert.
sind sie müde?
ich bin wie gerädert.
wir wollen uns in das gras strecken.
ich fürchte es ist feucht.
wie kann das sein, es hat ja nicht geregnet.
die feuchtigkeit der nacht ist schon hinreichend.
ich mag mich nicht setzen.
so wollen wir denn in diesen wald gehen.
wir wollen in dieses gehölz gehen.
welch herrliches plätzchen!
hier sind drei herrliche spaziergänge.
wie schön diese bäume gepflanzt sind!
sie stossen oben zusammen.

1: was sagen sie?
2: was?
1: was gibts?
2: wie?
1: wie gehts?
2: was?
1: was machen sie?
2: wie?
1: wie stehts?
2: was?
1: was sagen sie dazu?
2: was?
1: was gibts neues?
2: wie?
1: was machen sie hier?
2: was?
1: was haben sie denn?
2: ich habe 1
2
3
4
5
6
7
8
9
10
11

12
13
14
15
16
17
18
19 sekunden verbraucht.

1 gerät in zorn und jagt 2 mit schlägen in die ecke. 2 mit händen überm kopf, mit rücken zu 1

letzte fassung (fragment)

1. runde

1: ich wünsche ihnen alles mögliche glück.
es freut mich unendlich, sie zu sehen.
ich wünsche ihnen alles, was ich mir selbst wünsche.
2: seien sie willkommen.
1: guten morgen.
2: es freut mich sie zu sehen.
was führt sie zu mir?
womit kann ich dienen?
wie geht's?
1: ihnen aufzuwarten, sehr wohl.
2: wie geht es?
1: mit ihrer erlaubnis, ich befinde mich wohl.
2: und wie geht es ihnen?
1: es geht.
2: es freut mich, sie wohl zu sehen.
1: ich danke ihnen sehr, ich bin ihnen sehr verbunden.
sie sind zu gütig.
2: ich bin ihr diener, ich stehe ihnen zur verfügung, verfügen sie über mich.
1: sie erweisen mir zu viel ehre.
2: beehren sie mich mit ihren wünschen, sie haben nur zu befehlen, ich stehe ganz zu befehl, befehlen sie nur frei und ohne scheu, machen sie keine umstände.
1: ich will ihnen keine umstände machen.
2: ihnen zu dienen macht mir keine mühe, sie ehren mich mit ihren wünschen. wir wollen keine umstände machen, unter freunden macht man keine umstände. ich verehre sie, ich schätze sie, ich liebe sie.
zählen sie auf mich.
verlassen sie sich ganz auf mich.
befehlen sie.

1: ich will es tun um ihnen zu gehorchen, bloss ihnen zu gefallen.
2: da haben sie recht, wir wollen gute freunde bleiben.
(1 fällt wie ein baum zu boden, ringrichter zählt, 1 richtet sich auf)
2: wie befindet sich ihr herr bruder?
1: gott sei dank, er ist wohl. ich glaube, er ist wohl. gestern abend war er wohl.
2: das freut mich sehr, das macht mich fröhlich, das gibt mir trost. wo ist er?
1 (versucht sich zu erinnern):
auf dem lande
in der stadt
im gebirge
zur see
auf reisen
zu hause
2 (sehr ruhig): er ist vorhin ausgegangen. ich glaube, ihn gesehen zu haben. ich hörte jemanden ausgehen, der ihr bruder gewesen sein könnte.
1: das ist möglich.
2: empfehlen sie mich ihrem bruder.
1: was sagen sie?
2: wie meinen?
1: sie wünchen?
2: was wollen sie von mir?
1: was heisst das?
2: was bedeutet das?
1: was gibts?
2: was wollen sie sagen?
1: wie, mein herr?
2: ich bitte, antworten sie mir!!
1: ich sage, wie befinden sich die gnädige frau?
2: sie sind sehr gütig, ziemlich wohl, ich glaube, ausgezeichnet, ich bitte um verzeihung, das wetter ist nicht das beste, ich fühle mich verwirrt, es ist heiss.
(2 zieht den rock aus)
sie fühlt sich elend, sie ist heute etwas unpässlich.
1: das tut mir leid.
2: gestern früh war sie unpässlich.
1: übermitteln sie, wenn ich sie darum bitten darf, meine aufrichtige teilnahme.
2: sie liegt seit einem jahr zu bett.
1: das hat nichts zu bedeuten.
2: sie haben recht, das sagt gar nichts, es ist eine kleinigkeit.
(2 vergnügt die hände reibend) und wie geht es ihnen?

1: ich fühle mich wohl.
2: es freut mich, dies zu hören.
1: ich danke ihnen vom herzen.
2 (das thema wechselnd): wie geht es ihnen aber so im allgemeinen.
1: so, so. ziemlich. man muss bescheiden sein.
2: es freut mich dies zu hören.
1: gestern war ich etwas unpässlich.
2: das tut mir aber leid. und wie geht es zu hause?
1: es ist alles beim alten.
2: das freut micht.
und befinden sich unsere freunde auf dem lande und in der stadt wohl?
1 (fröhlich) sie sind alle wohl,
(traurig) bis auf meine braut.
(weint.)
2: was fehlt ihr?
1 (gefasst): sie hat fieber, leibschmerzen, flecktyphus, scharlach, den keuchhusten, den gewöhnlichen husten, das gewöhnliche fieber, das komplizierte fieber, sie hat alle übrigen krankheiten, auch ist sie sehr gesund, hat keine schlechte verdauung, migräne und die englische krankheit.
in letzter zeit leidet sie an leichtem übelsein.
2: ist sie schon lange krank?
1: nein, noch nicht lange.
2: ich habe sie seit jahren nicht gesehen.
1: sie liegt zu bett.
2: ich wünsche besserung und will hoffen, dass es keine weiteren folgen haben wird.
1: sie ist ihnen verbunden, sie ist ihnen sehr verbunden.
2: wann kann ich sie besuchen, wann kann ich sie trösten, wann wird sie mich empfangen können?
1: kommen sie mit mir.
2: wo gehen sie hin?
wo kommen sie her?
gehen sie hinaus.
gehen sie hinaus.
gehen sie weg.
halten sie sich nicht auf.
(stösst 1) machen sie platz.
gehen sie ein wenig zurück.
bleiben sie ruhig.
sie sollten sich nicht rühren.
kommen sie her.
kommen sie näher.

warten sie ein wenig.
warten sie.
sie gehen zu schnell.
gehen sie nicht so schnell.
kommen sie mir nicht zu nahe.
packen sie sich fort.
gehen sie zu.
gehen sie da hinaus.

(1 hat den ring verlassen)

kommen sie herein.
kommen sie hieher.

1: ich stehe hier gut.
2: auf ein wort.
1: was beliebt?
2: ich will mit ihnen sprechen.
1: was sagen sie?
2: hören sie mich?
1: sprechen sie lauter.
2: machen sie keinen lärm.
1: seien sie ruhig.
2: was ist das für ein lärm.
1: hören sie auf zu schreien.
2: man kann sein eigenes wort nicht hören.
1: sie machen mich taub. (wird getroffen)
2: sie zerbrechen mir den kopf. („ „)
1: sie sind sehr lästig.
2: ich kenne sie vom sehen.
1: ich habe von ihnen gehört.
2: was hört man neues?
wissen sie etwas neues?
was gibt es neues?
wissen sie nichts neues?
1: man sagt nichts neues.
2: was sagt man so im allgemeinen?
1: ich erinnere mich nicht genau.
man spricht von guten neuigkeiten.
2: sagen sie das gegenteil und sie werden recht haben.
1: das habe ich gehört, aber ich glaube das gegenteil.
2: das bedarf einer bestätigung.
1: sie haben recht; man weiss nicht, wem man glauben soll.
es wird ausserordentlich gelogen.
2 (überrascht): ah! von wem haben sie das gehört?
1: ich habe es gehört.
2: sie sind gut informiert.

1: das ist wahr.
ich gebe es zu.
2: lassen sie uns von etwas anderem reden.
1: ich bin ihrer meinung.
(kleine atempause, beide stehen keuchend im ring)
2: ach mein herr, verzeihen sie,
ich hatte sie nicht gesehen. (schlägt 1 auf die nase)
2: wie dick sie geworden sind. (" " " " ")
2: ihre bewegungen sind langsam. (" " " " ")
2: ihr haar ist schütter geworden. (" " " " ")
2: sie sehen elend aus. (" " " " ")
2: sie machen einen heruntergekommenen
eindruck. (" " " " ")
2: sie erwecken mein mitleid. (" " " " ")
2: sie dauern mich. (" " " " ")
2: sie sind alt geworden. (" " " " ")
2: sie haben ihren verstand verloren. (" " " " ")
2: sie haben ihr einkommen verloren. (" " " " ")
2: sie haben ihre freunde verloren. (" " " " ")
sie haben ihren hut verloren. (" " " " ")
sie haben ihren handschuh verloren. (" " " " ")
sie haben ihre neigungen verloren. (" " " " ")
sie haben ihren guten geschmack verloren. (" " " " ")
sie haben zeit verloren. (" " " " ")
sie haben jeden halt verloren. (" " " " ")
sie haben im laufe ihres lebens 4 taschenkämme verloren, und noch mehr. (" " " " ")
sie haben die masstäbe verloren. (" " " " ")
sie haben eine schachpartie verloren. (" " " " ")
sie haben ihre milchzähne verloren. (" " " " ")
sie haben die hoffnung verloren. (" " " " ")
sie haben ihr gedächtnis verloren. (treibt 1 durch den ring)
sie haben mein vertrauen verloren.
sie haben sehr verloren.
2 (seufzt): es steht schlimm für sie.
1: wollen sie mir angst machen?
hier liegt mein handschuh.
(er hebt ihn auf, zieht ihn an und schlägt 2 auf die nase)
3 taschenkämme habe ich wiedergefunden. sie waren in der tischlade. meine milchzähne sind gut aufgehoben.
2 (geht auf 1 zu, vertraulich): wollen wir tauschen?
1: was wollen sie tauschen?
2: ich will meinen platz tauschen.
1: wogegen, wenn ich fragen darf, mein herr?

2: gegen ihren platz, wenn ich bitten darf.
1: nein, ich sage nein.
2: warum wollen sie nicht tauschen?
(1 schweigt, überlegt)
1: was geben sie mir?
2: ich gebe ihnen nichts dazu! im gegenteil, sie müssen etwas draufgeben.
1: was wollen sie haben?
2: was es ihnen wert ist.
1: wenn ich es recht überlege, ist mein platz mehr wert als der ihre.
2: mein herr, sie sind im irrtum, er ist nicht einmal soviel wert wie der meine.
1: ganz im gegenteil. sie täuschen sich gewaltig, da ich nicht glauben mag, dass sie mich betrügen wollen.
2: ich gebe nicht mehr.
1: sie scherzen.
2: ich gebe was es wert sein kann.
1: sie wollen mich erpressen.
2: ich will nicht handeln. es ist nicht mehr wert.
1: sie wollen doch nicht, dass ich verlieren soll?
2: nun, wollen wir tauschen
1: meinetwegen.
(sie wechseln die plätze)
1: hören sie, mein herr, auf ein wort!
2: ich höre.
1: ich will mit ihnen sprechen, hören sie mich an.
2: was sagen sie?
ich verstehe sie kaum, sprechen sie lauter.
1: sie hören mir nicht zu.
hören sie mich?
2: ich höre sie nicht.
ich kann gar nichts hören, sprechen sie lauter.
1 (überlegt, dann): hören sie, kommen sie einmal her.
2 (geht zu 1, nimmt aufstellung): ich höre ihnen zu.
1: seien sie ruhig, machen sie keinen lärm.
2: was sagen sie?
1: halten sie das maul!
2: ich schweige.
1 (schlägt ihn auf den kopf): sie wollen nicht schweigen?
2: ich schweige.
(pause, beide lauschen)
1: ich kann es nicht hören!
2 (ruhig): merken sie auf.
(1 fällt um, ringrichter zählt)

(2 hilft dem 1 auf die beine)
2: verzeihen sie mir.
1: aber ich bitte sie, sie haben mein vertrauen.
2: ich habe gehört, dass sie den vorigen kampf gewonnen hätten.
darf man gratulieren?
1: es ist wahr, ich habe gewonnen.
(er hört seiner stimme nach, springt hoch)
ich habe gewonnen, ich habe gewonnen, gewonnen, gewonnen!!!
(springt herum, sein betreuer läuft in den ring und flüstert ihm ins ohr,
2 sitzt dieweil schluchzend am boden)
(ringrichter beginnt zu zählen, aber dann gong)

2. runde
(langer schlagwechsel, ehe sie zu sprechen beginnen)
1: sprechen sie manchmal?
2: ja, aber nie anders, als mich zu unterhalten.
1: sprechen sie gern?
2: ich spreche nur zum zeitvertreib.
1: aber mich dünkt, das sprechen sei eine sehr gefährliche unterhaltung?
2: das ist wahr; doch nur, wenn man zuhört.
1: aber sie sprechen doch, um von mir gehört zu werden!
2: das ist eine lüge!
wenn ich ihnen etwas mitzuteilen hätte, würde ich es sein lassen.
es würde in den sätzen hängen bleiben.
1: es würde nur zu missverständnissen kommen,
2: zu unstimmigkeiten führen,
1: zu schlägereien,
2: zu streit,
1: ärger bereiten,
2: freundschaften zerstören.
1: wenn man zuhört,
2: weiss man nicht wie's gemeint ist.
1: sie könnten es nicht besser wissen,
2: sie könnten lügen,
1: sie könnten es ehrlich meinen.
2: aber wie soll das heraus?
wo soll das hinein?
1: da kann man nur sprechen.
2: ich spreche gern.
1: es tönt.
2: es ist laut.
1: man kann es hören,
es beschäftigt die ohren,

2: und die zunge,
1: und die lunge,
2: und die lippen,
1: und die zähne.
2: man kann es zerbeissen.
1: man kann es zerkauen.
2: man kann es schlucken
1: und man kann es ausspucken.
2: man kann mit den stimmbändern schwingen,
1: man kann es regulieren.
2: laut und leise.
1: hoch und tief.
2: und vor allem in der mitte!
1: ganz recht.
2: man kann dabei gehen,
1: man kann dabei sitzen,
2: man kann dabei laufen,
1: man kann dabei stehen,
2: man kann dabei seine notdurft verrichten.
ich spreche gern.
1: dann ist gewinn oder verlust eine kleinigkeit.
sprechen sie mit kraft oder mit geschwindigkeit oder mit wohlklang oder mit tonhöhe?
2: was verstehen sie unter kraft?
schwerkraft?
fliehkraft? (läuft davon)
(kommt zurück) und wenn es geschicklichkeit wäre?
(1 hat seine deckung vernachlässigt, 2 bringt einen schlag an, der ringrichter notiert)
2: sprechen sie oft?
1: sehr selten.
2: warum?
1: weil es viele sehr gewandte betrüger gibt.
man läuft grosse gefahr, da sie wie ordentliche leute aussehen. sie hören zu, sie merken auf, sie nehmen alles beim wort.
2: das ist eine rücksichtslosigkeit.
1: das ist eine gemeinheit.
2: das ist eine frechheit.
1: es handelt sich um verbrecher.
2: nun, was für ein gespräch wollen wir sprechen?
1: welches sie wollen.
2: wir wollen dieses gespräch sprechen.
1: wie es ihnen beliebt.
2: das sprechen ist sehr im schwange.

1: man kommt sich nahe.
2: es distanziert.
1: es verhindert das schlimmste.
2: es fördert alles mögliche.
1: es erfreut.
2: es betrübt.
1: es berauscht.
2 (konsterniert): sie sind ja betrunken!
(1 wankt zum tisch und nimmt einen schluck wasser, kommt zurück, nimmt grundstellung [faustkampf])
(beide wieder einander gegenüber)
1 (als ob nichts gewesen wäre): wieviel sprechen wir diesmal?
2: wir wollen zum zeitvertreib so viel wir können sprechen.
1: wir wollen doppelt so viel sprechen.
2: wie es ihnen gefällig ist.
1: wieviel geben sie mir vor.
2: sie wollen eine vorgabe und sprechen doch so gut wie ich?
(beide sehen einander unschlüssig an)
2: soll das ein ganzes gespräch sein?
1: nein, es fehlt noch einiges.
2: also fahren wir fort.
(schlagwechsel, 2 im vorteil)
1: ich habe eine schlechte sprache. (vorsichtiges »abtasten«)
2: sie müssen eine gute haben, da ich fast
keine habe. („ „)
1: meine sprache setzt mich in verlegenheit. („ „)
2: sie sprechen nicht gut, das ist wahr. („ „)
1: (bestürzt, plötzlich): ich habe meine sprache verloren!
(er beginnt zu suchen, hier und dort, blick am boden, 2 verfolgt ihn, 1 winkt nur abwehrend und nicht ganz bei der sache ab)
2: das ist gleich. (gibt 1 von hinten einen fusstritt)
(1 richtet sich auf, dreht sich um)
1 (ängstlich): sind drei sätze mit vier beistrichen gut?
2: nein, ich habe vierzehn mit strichpunkten.
1 (bittend): sprechen sie ein wenig aus.
2: ich sage nur:
(scharf) satzgegenstand (schlägt ihn auf den kopf)
und
satzaussage, („ „ „ „ „)
hauptsatz („ „ „ „ „)
und
nebensatz. („ „ „ „ „)
ich hoffe, das genügt.

1 (jedes wort betonend, pausen zwischen den worten, stammelnd, verzweifelt, gequält, in sich hinein):
ich – habe – nur – fünf – worte.

2 (scharf): wieviele selbstlaute?

(1 versucht es murmelnd an den fingern abzuzählen, er fängt immer wieder von vorne an. verzweifelt den kopf schüttelnd, wenn er abbricht und neu anfängt, er wird immer hastiger und seine finger kommen ihm mehr und mehr in die quere)

2 (unterbricht ihn): das ist nicht genug.
ich habe die sprache gewonnen,
sie haben die sprache verloren. (ist zu sprechen wie »spiel« gewonnen bzw. verloren)

(1 grunzt und blökt wie ein stummer, der etwas sagen will, vor sich her, in sich hinein, kauert sich nieder, fällt um, wälzt sich am boden, grunzend)

2 (nach einer pause): sie sind mir noch ein gespräch schuldig. (zu sprechen wie: »aufklärung schuldig«)

(1 steht auf, klopft seine hosen ab)

1 (charmant, händereibend): recht gern, mit vielem vergnügen.

2: hier darf kein anderes gespräch unter freunden geführt werden.
(klopft 1 auf die schulter)
nur eine kleinigkeit um das gespräch zu beleben:
(blickt 1 voll und ernst an:) worüber wollen wir sprechen?

1 (charmant wie ein verkäufer, sich leicht verneigend, 2 sieht ihn an, aber er steht seitlich zum publikum gewendet, vielleicht noch immer hände reibend):
wenn es ihnen recht ist, wollen wir sprechen.

2: wie sie wollen.

1: was sie wollen.

2 (blickt auf 1): wollen *sie* sprechen?

1: mein herr, wir wollen gemeinsam sprechen.

2: geben sie den ton an.

1 (singt): aaa (normalton)

1 & 2: dieser herr und ich sprechen gemeinsam. (beide mit geschlossenen augen zum publikum)

2: wer spricht?

1 (sehr laut, sehr deutlich, sehr pathetisch; vor anstrengung färbt sich sein gesicht blau-rot):
sie!

2: das ist recht, das nenne ich sprechen.
sie sind ein meister.

1: diesmal habe ich eine gute sprache.
(arrogant) aber *sie* verstehen das sprechen *nicht*.
sehen sie mir nicht in den mund!

machen sie den mund zu.
(hebt den finger) geben sie acht, was herauskommt.
(jubelnd): ich habe die sprache gewonnen!!!
2 (verdriesslich): genug für jetzt.
1 (gnädig): ein andermal sprechen wir länger.
2: es ist auch besser so.
(gong)

3. runde
(beide stehen einander schweigend gegenüber)
1: bist du fertig?
2: noch nicht.
1: wo sind deine handschuhe?
2: hier.
(1 zieht sie dem 2 an)
2: wie macht man das?
1: du bist sehr ungechickt.
(schlägt auf 2)
2: was tust du?
1: ich belehre dich. (schlägt ihn)
2: du hast mich gestossen!
1: du hast platz genug, mach platz, rücke ein wenig!
(rempelt 2 zur seite, ringrichter droht missbilligend)
2: wie tief darf ich schlagen?
1 (zeigt es, mit tiefer stimme): bis hierher.
2: wer hat das gesagt?
1: ich weiss es.
2: du erklärst das schlecht.
1 (drohend): sei still, sonst bekommst du schläge.
2: du bist es, der die schläge verdient.
(sie fallen übereinander her und prügeln sich, ringrichter pfeift, 2 bleibt liegen, 1 tänzelt herum, ringrichter zählt bis 4)
1: schlafen sie?
(stampft einige male mit dem fuss auf)
sind sie noch im bett?
2 (verschlafen, weinerlich): kommen sie nur herein!
1 (geht auf 2 zu, stellt sich vor ihn hin): wachen sie auf! wie träge sie sind! sie sind sehr verschlafen, sie sind noch nicht wach. stehen sie rasch auf!
2: ist es denn schon zeit?
1: freilich, gleich ist es neun.
(ringrichter zählt neun,
2 erhebt sich mühsam)
1: beeilen sie sich, geben sie acht, sie fallen.

(2 stürzt wieder, ringrichter beginnt zu zählen)

2: ich bin krank. ich weiß nicht was mir fehlt. ich fühle mich sehr unpässlich.

1 (hilft ihm auf): man sieht es ihnen wohl an. lassen sie mich den puls fühlen. der puls ist unruhig. was fehlt ihnen? zeigen sie mir ihre zunge! sie ist etwas belegt, strecken sie sie ein wenig mehr heraus! so ist es recht.

(1 tritt zurück und schlägt 2 in den magen, die zunge kommt weit heraus)

1: so ist es schon ganz ausgezeichnet.

2 (weinerlich): magen, kopf und brust tun mir weh!

1 (interessiert): seit wann?

2: seit kurzer zeit.

1: sie sollten schlafen. (wirft ihn zu boden)

2 (richtet sich mühsam auf): ich habe nicht schlafen können.

1: und lassen sie wasser? haben sie esslust?

2: gar keine.

1 (greift ihn an): sieh haben das fieber. ihr puls geht sehr unregelmässig.

2: es liegt mir wie blei in den gliedern.

1: heute dürfen sie durchaus nichts zu sich nehemn.

2: das fällt mir nicht schwer, denn ich habe keine esslust.

1: biegen sie den arm!
(er verdreht ihm den arm)
gehen sie nicht aus. halten sie sich warm. sie werden bald gesund sein, seien sie getrost.

2: gehen sie schon fort?

1: ja, ich muss

2: ich bitte sie, kommen sie wieder.

1: lassen sie nur rufen.

2: ich bin ihr gehorsamer diener, ihrer und der ihrer kranken frau mutter.

1: sprechen sie lauter, ich verstehe sie nicht. sie sprechen zu leise.

2: es tut mir leid, dass ich ihr heute meine aufwartung nicht machen kann.

1: mit wem sprechen sie?
sprechen sie mit mir?

2: ich weiss, dass ein kranker freude hat, wenn man sich um ihn kümmert.

1: sagten sie etwas?

2: ich hätte schokolade mitgebracht, aber ich bin verhindert.

1: sprechen sie deutsch?

2: oder auch blumen, das hätte ihr gewiss freude gemacht.

1: was sagen sie?

2: freude macht gesund.
1: halten sie das maul!
2: ich schweige.
1: können sie nicht deutsch?
2: ich verstehe und spreche ein wenig.
1: sie können nichts als plappern, sie sind ein lästiges plappermaul! sie sehen krank aus.
2: ja ich fühle mich sehr schlecht.
1: reichen sie mir ihren arm!
2: tun sie mir nicht wehe.
(1 nimmt ihn fest in den clinch und verdreht ihm den arm)
2: sie halten meinen arm zu fest! (der ringrichter verwarnt)
1 (schlägt zu und betrachtet): das blut fliesst gut.
2 (keucht): ja, ich fühle mich ein wenig erleichtert.
1 (lässt seine schläge auf 2 niederprasseln): halten sie sich warm. machen sie, dass sie schwitzen.
(wird immer schneller)
2: mein ganzer körper glüht.
1: dann müssen sie sich wieder abkühlen, mein herr.
2: es fängt an besser mit mir zu werden. ich wäre bald gestorben.
1: seien sie unbesorgt.
2: ich fürchte mich sehr.
(kurze pause)
1: setzen sie sich doch für einen augenblick.
2 (geschäftig, überlastet): das ist schade, das ist schlimm, wie unangenehm, ich kann nicht.
1: sind sie so in eile? können sie nicht ein wenig warten? ich zeige ihnen meine braut, das krankenlager, den arzt, das nachtgeschirr, die medikamente!
2: ich bin zutiefst betrübt, ich bin verstört, ich schäme mich meiner selbst, ich bin zerknirscht.
sagen sie dem fräulein braut, wie leid mir ihre unpässlichkeit sei, aber dass ich ausserstande wäre, sie heute aufzusuchen.
1: ich werde es unfehlbar tun. sie wird sich ihrer anteilnahme freuen, sie wird beglückt sein, sie wird gesunden, sie wird ausser sich sein, sie wird rasen, sie wird mit gegenständen werfen, sie wird springen, sie wird tanzen, sie wird vor freude sterben.
(verbeugt sich, abschiednehmend)
(2 setzt sich, macht sichs gemütlich)
2 (vertraulich): ich bin gekommen, ihre güte in anspruch zu nehmen.
1 (wankend): ich stehe ihnen zur verfügung, sie haben nur zu befehlen.
2 (vergnügt): sie sind sehr gütig.
1: sie sind sehr höflich.

2: ich danke ihnen.
1: keine ursache.
2: wie geht es ihnen?
1: gut, sehr gut.
2: es freut mich, sie wohl zu sehen.
1: ich bin ihnen sehr verbunden.
2: immer noch der alte.
1: sie sind in der tat sehr gütig, sie erzeigen mir grosse ehre.
2: sie scherzen.
1: ich bitte, ja.
2: ich glaube, ja.
1 (kühl): ich glaube, nein.
2: ich sage, ja.
1: ich möchte wetten.
2: ich wette in der tat.
1 (amüsiert): ich wette was sie wollen.
2: es ist wahr.
1: es ist nur zu wahr.
2: ja, in der tat.
1: kein wahres wort ist dran.
2: es ist ein märchen.
1: es ist eine lüge.
2: es ist eine unwahrheit.
1 (brüllt): sie sagen nicht die wahrheit!
2: so wahr ich lebe, glauben sie mir, ich schwöre ihnen.
1: auf ehre?
2: bei meinem leben.
1: bei meiner ehre.
2: auf mein gewissen.
1: ich rede aufrichtig mit ihnen.
2: ich will sterben, wenn ich lüge.
1: man hat sie betrogen.
2: ich bin nicht schuld daran.
1: ich kann es nicht ändern.
2: was soll ich tun. (die stimme wird nicht fragend erhoben)
1: sie haben recht.
2: sie haben nicht recht.
1: sie haben unrecht.
2: ich kann ihnen nicht glauben.
1: schweigen sie.
2: sie wollen nicht still sein.
1 (nach einer pause): nun, ich glaube es.
2 (bestimmt): ich glaube es nicht.
1 (bricht zusammen): ich gebe es zu.

(ringrichter zählt)
2: meinetwegen es sei.
1 (springt hoch empor, artist, clown): es war nur ein scherz!
2: ich habe nichts dagegen.
1: wie dumm.
2: wie klug.
1 (pathetisch, schwurhand): geben sie acht.
2 (gleichgültig): das kann ich nicht.
1: sie verdienen es nicht.
2: quälen sie mich nicht länger.
1: ärgern sie mich nicht länger.
2: missbrauchen sie mich nicht länger.
1: langweilen sie mich nicht länger.
2 (hält sich die backe): sie treffen mich empfindlich.
1: lassen sie mir ruhe.
2: sie tun mir weh!
1: nicht wahr?
2: ohne zweifel.
. . .

(1956)

die pfandleihe

der sprecher:

sehr geehrte damen und herren
lassen sie sich das stück erklären
ein törichter knabe stellt sich vor
von schlechter erziehung, ein reiner tor
im ersten abschnitt tritt er ein
mitten in die welt hinein
staunt und öffnet das maul
wird belehrt
und nicht faul
ist er bekehrt
so verdaut er die erste lektion
alles in allem ein braver sohn
das merkt man schon
am ton
der seine stimme macht
die ihn ins metier gebracht
damit er sage was er weiss
mit dem vorgeschriebnen fleiss
in der steilen scharfen geste
zeuge er das allerbeste
in diesem rahmen
so sei es

sein name wäre leonhard, sein vater ist unbekannt, ebenso wie seine mutter, was weiter nicht ins gewicht fällt, weil es fürs stück ohne bedeutung ist.

1. zuschauer: mein herr dieser anfang entspricht nicht den anforderungen des modernen dramas und ist abgeschmackt. fragen sie herrn weissenpeter, der hinter mir sitzt und der arbiter sowohl comediae als auch tragoediae, damit sie keine möglichkeit haben sich auszureden, diese scherze, sind uns genugsam, wie frau espenlaub zu sagen pflegt und schreibt, sie sitzt vor mir und ist vielleicht noch gebildeter als doktor weissenpeter, wenn das überhaupt möglich wäre und das will etwas heissen, mein herr dahergelaufen und maulvoll, damit sie es wissen, merken sie auf und reden sie, wenn sie gefragt sind und wenn sie keine ahnung haben, wo gott wohnt, dann frage ich mich überhaupt, man merkt ja zum glück mit wem man es zu tun hat, wenn das metaphorische so schwachsinnig gehandhabt, vergessen macht, wie sie, ja sie, wer sonst mit der transzendenz in neglectio schindluder triebe,

wenn man heute, was sage ich heute, heutzutags, in dieser unserer zeit eine solche sprache führen würde, da wär man im nu draussen und was würden sie sagen, ja, ha, ich frage, sie ja sie, was würde man sagen, und sich freuen, dass wir, die wir, vernichtet sind, draussen, hinaus und warum, um einer eine absurdität, eines nichts halber, für nichts, würde man sich die hände reiben und uns ersetzen, die wir unersetzlich, mit ignoranten, nichtswissern ihres kalibers, die wir das abendland wie eine letzte bresche in unseren zügeln halten, sie nichtsnutz sie, was wissen sie denn, als ihr vater sich unverantwortlicherweise, na ja, aber was geht das sie an, und für solche leute, ja, daran krankt ja das ganze, und dafür soll man sich, sie haben die frechheit, sage ich, unverschämtheit, mit kecker überheblichkeit die antwort schuldig zu bleiben, aus mangel an sich in esoterisches schweigen transzendenz markierend und information schuldig bleibend zu hüllen, sie niemand, sie stinktier, sie anfänger, dillettant, arbeitsscheues element, wem nützen sie, nicht einmal imstande sind ihrem volk zu nützen und dazu will ich sie bestimmt nicht rechnen, nein von mir nicht, sie stierer kerl, sie habenichts, sie öffentliche anklage des verbots der todesstrafe. und jetzt fangen sie an und zeigen sie, was sie können.

herr weissenpeter (neigt sich vor): sie haben recht gnädige frau, ich bin ganz ihrer meinung, eine zumutung, wenn es zu ausschreitungen käme, stehe ich natürlich zur verfügung. was heisst hier abgeschmackt. ich frage sie, was heisst hier abgeschmackt. ich bitte sie, noch viel, viel weniger, gnädige frau, noch viel weniger, liebe gnädige frau, einfach geschmacklos, wenn ich mir eine bemerkung erlauben darf.

1. zuschauer: na fangen sie schon an, sie idiot, wie lange soll man hier noch warten. die leute haben gezahlt und ich soll über diesen mist etwas schreiben.

herr weissenpeter: man könnte ja in der luft zerspringen, manchmal frage ich mich, wer bin ich überhaupt, dass man wagt, mir soetwas anzubieten.

1. zuschauer: wenn man wie sie zu besserem . . .

herr weissenpeter: aber gnädige frau.

(küsst ihre hand schmatzend)

anfangen! schweinerei

(herr weissenpeter & 1. zuschauer lachen schallend)

1. zuschauer: mein gott, wenn man bedenkt, der schulberg, der denkt ja wie wir, aber der hats halt nimmer nötig daher z'gehn.

herr weissenpeter: ja der schulberg, wenn wir den net hätten und sein gesundes urteil.

1. zuschauer: und seinen einfluss.

herr weissenpeter: do tät ma schön ausschauen, gnädige frau! da würde so ein dreck, wie das da, nur so aus dem boden schiessen wie die schwammerln.

leonhard (tritt auf, koffer schwenkend:)

fische
vögel
fahnen
paraden
fassaden
fontänen
lawinen
gardinen
girlanden
bananen
schamanen
sardinen
gardinen
garderobe
& mode
& moder
oder
matrosen
& rosen
zwischen mimosen
stossen
liebkosen
umtosen
die blossen
famosen
und grossen
flossen der haie

pfandleiher: guten tag.

leonhard: die blätter der farne und die blüten der rhododendren hängen aus den schornsteinen der fabriken. eine hoffnung aus zement rast auf uns zu.

pfandleiher: ich stehe zur verfügung.

leonhard: der bahnkörper dehnt sich, das gras verteilt die rollen. die sonne verbrennt in den wolken. darf ich meinen rock ausziehen?

(er tut es)

pfandleiher: womit kann ich dienen?

leonhard: es wird heisser und heisser, die erde ist versengt, die strassen verkohlen, die fieberhitze eines festtags treibt den schweiss aus meinen poren.

pfandleiher: eine kleinigkeit, vielleicht, für die schöne braut.

leonhard: aus den zügen stürzen die flüsse, die wasser, die ströme und bäche und vereinigen sich zu einem ungeheuren meer gegen die hitze und der dampf nimmt uns den atem, bläst häuser zu ballonen auf und alles steigt immer höher und höher.
pfandleiher: perlen?
leonhard:

auf jedem gehsteig ein springbrunnen
in jedem zeppelin eine gliederpuppe
ein fest, ein fest, ein fieberfest!
man wird die stadt illuminieren!

pfandleiher: oder ein kleiner ring, ein halsband?
leonhard: alles strahlt in einer leuchtenden helle, in mehreren farben.
pfandleiher: vielleicht ein armreif?
leonhard: das meer hat unsre stadt erreicht! sechs sonnen erhitzen die szene. die straße vor ihrem laden ist mit klippen gewürzt!
(läuft zur tür und reisst sie weit auf)
und hier das salz für ihre nase. tang und algen auf den parkbänken. ozeandampfer schlagen schaum. das ist die brise, das ist für mittag.
(greift hinaus und schleudert einen zappelnden fisch herein)
pfandleiher: die fassung ist zwar alt, aber der stein ist erste qualität.
leonhard: o holde sensation! ein seestern und ein handgemaltes firmenschild schwimmen hand in hand, oder seite an seite. wie sie wollen. die motorisierte stadtpolizei hat auf delfine umgesattelt. kommen sie her. betrachten sie, bewundern sie, staunen sie! o vernunft des alters, o aussatz des gesunden menschenverstandes, tod meiner letzten chance, du hast den eierstock meiner beredsamkeit mit fleiss sterilisiert!
pfandleiher: beachten sie bitte das feuer! kommen sie näher, mein herr, ich bitte sie.
leonhard: achtung!
festhalten.
(hält sich fest. lässt koffer fallen)
pfandleiher: wie meinen?
leonhard: zum überzum, so halten sie sich fest, die erde dreht sich!
pfandleiher: darf ich sie ins lager bitten, die grossen stücke sind im lager. ich bin reich sortiert. ich bin dafür bekannt, alle wünsche zu erfüllen. treten sie näher. darf ich sie bitten?
leonhard (hält sich noch immer fest, mit beiden händen): ich kann nicht!
pfandleiher: schon gut, wie sie wünschen, ganz zu befehl, ich werde etwas bringen, dass ihnen die augen übergehen. ich bitte sie zu warten. seien sie geduldig, ich muss ein wenig suchen, sie verstehn, die kisten, die verpackung, die laden, schlösser und so weiter, bitte nehmen sie platz.

leonhard (hält sich fest): ich kann nicht!
pfandleiher: sie werden ermüden!
leonhard: das ist sache der schwerkraft.
(lässt los, fällt um, steht auf, nimmt den koffer auf und bläst den staub ab)
pfandleiher: was steht zu diensten? womit kann ich dienen? ich will mich bemühen sie zu verstehen, ihnen zu helfen, so gut es geht. das ist wohl klar. ihr kommen hat doch einen zweck. sagen sie es ungefähr. ich weiss, dass sie es nicht besser können, das kann niemand. sagen sie irgendetwas. ich werde mich bemühen. ich werde vermeiden auf ihre worte zu hören, das würde nur verwirren, ich werde versuchen ihren wunsch zu erfüllen, seien sie getrost, es ist nicht so schwer, es gibt nicht so viele.
leonhard (setzt sich): alsoo . . . ja . . . alsoo . . .
pfandleiher (versteift, unterbricht ihn): haben sie kein geld? wollen sie nichts kaufen? sind sie ein verbrecher? wollen sie mich bestehlen? aufgemerkt, *meine* zeit, was fällt ihnen ein, scheren sie sich fort, verschwinden sie, raus!
leonhard: hören sie!
pfandleiher: hören sie, was glauben sie, wer sind sie, was wollen sie, hören sie auf mich zu belästigen. sie sind lästig. verstehen sie!
leonhard: auf ein wort! (steht auf)
pfandleiher: was sagen sie?
leonhard: ich will mit ihnen sprechen!
pfandleiher: wie?
leonhard: hören sie mich?
pfandleiher: sprechen sie lauter.
leonhard: verstehen sie mich jetzt?
pfandleiher: nein.
leonhard: hallo!
pfandleiher: hören sie auf zu schreien. man kann sein eigenes wort nicht hören, sie machen mich taub. verschwinden sie. los.
leonhard: ich bitte sie, mir zuzuhören, nur einen augenblick, einen atemzug, einen herzschlag, ich bin überzeugt, wir werden ins geschäft kommen, zu guter letzt bei etwas freundlichem willen.
pfandleiher: wie?
leonhard: ich komme in geschäften.
pfandleiher: nehmen sie platz.
leonhard (sitzend): guten morgen.
pfandleiher: seien sie willkommen.
leonhard: kommen wir zur sache.
pfandleiher: ich bitte darum.
leonhard: machen wir keine umschweife.
pfandleiher: unter freunden sind umschweife nicht üblich.

leonhard: bleiben wir freunde.
pfandleiher: wie bisher.
leonhard: wie?
pfandleiher: was wollten sie sagen?
leonhard: das leben ist ein teures andenken, wenn die paradiesvögel von den dächern hängen.
pfandleiher: das ist wohl ein gleichnis?
leonhard: ganz recht.
pfandleiher: bitte fahren sie fort.
leonhard: in meinem portemonnaie feiern die windmühlen einen lustigen nordwind.
pfandleiher (zu sich): das bringt frost.
leonhard: das ist der lauf der jahreszeiten.
pfandleiher: jänner, februar, märz
leonhard: still!

eine junge riesin ist in der stadt. ich hatte einkäufe besorgt und war auf dem weg nach hause, als es mählich heisser wurde. ich nahm den rock über den arm und hielt mich im schatten der häuser. ich liess einen zettel in der tür, ich wollte noch ein wenig spazieren und mich in den öffentlichen gärten ergehen, vielleicht sogar zum zoo und ein glas milch trinken. da kam sie geleitet von einem geschwader schmetterlinge um die ecke. aus ihren tritten schoss das gras auf und die blumen. sie hat rotes dickes haar und eine makellose figur.

pfandleiher: ich verstehe.
leonhard: ich erstarrte, können sie das verstehen?
pfandleiher: ja.
leonhard: und dann lächelte sie. sie lächelte mir zu! begreifen sie meinen zustand!
pfandleiher: ich gratuliere!
leonhard: ich stammelte meine liebe hervor
pfandleiher: so?
leonhard: und bat sie um ein wiedersehen.
pfandleiher: ja?
leonhard: wir treffen uns um fünf.
pfandleiher (sieht auf die taschenuhr): da ist noch eine halbe stunde zeit. da hätte ich eine hübsche sache für sie.
leonhard: jetzt sitzt sie im kino. ich habe diese blumen gekauft.
pfandleiher: ausgezeichnet. so ist es recht. sie haben manieren, junger freund, das macht eindruck.
leonhard: aber jetzt bin ich pleite und ich bat sie, mit mir eine konditorei aufzusuchen.
pfandleiher: das wird sie verzeihen.
leonhard: das glaube ich nicht, sie liebt schokolade.

pfandleiher: sie hätten die blumen nicht kaufen sollen.

leonhard: das ist wahr. aber diese hitze ist ein feind der banknoten, versengt und verbrennt sie.

pfandleiher: ist ein freund wessen?

leonhard: zweitens ist die hitze die geliebte der badewärter, hat sonst keinen nutzen.

pfandleiher: und was führt sie zu mir?

leonhard: ich komme in geschäften.

pfandleiher: bitte nehmen sie platz.

leonhard: gehört dieser laden ihnen?

pfandleiher: ich besitze die konzession zur ausübung des gewerbes.

leonhard: sie sind also pfandleiher.

pfandleiher: so sagt man.

leonhard: leihen sie mir geld!

pfandleiher: worauf?

leonhard: auf mein ehrliches gesicht.

pfandleiher: sie scherzen.

leonhard: auf meine gute haut.

pfandleiher: sie sind ein spassvogel.

leonhard: auf diese blumen (legt sie auf den tisch).

pfandleiher (nimmt lupe und betrachtet sie): keine goldblumen, keine silberblumen, nicht einmal papierrosen, das sind ja natürliche blumen!

leonhard: so ist es.

pfandleiher: gestohlene ware?

leonhard: nein?

pfandleiher: ihr wort?

leonhard: mein wort.

pfandleiher: hier ist keine blumenhandlung.

leonhard: aber sie duften!

pfandleiher: ich handle nicht mit düften.

leonhard: das ist ihre schuld, sie haben es nicht versucht.

pfandleiher: das ist auch keine parfumerie, mein freund . . .

leonhard: sondern eine pfandleihe, ich weiss. deshalb gebe ich ihnen diese blumen zum pfand und sie leihen mir geld. ich verspreche ihnen fleissig zu sein, zu verdienen, reichtum zu erwerben und mein pfand auszulösen. vertrauen sie mir.

pfandleiher: ganz falsch. eine pfandleihe ist keine blumenleihe.

leonhard: es sind seltene blumen.

pfandleiher: es sind recht gewöhnliche blumen.

leonhard: diese blumen können singen!

pfandleiher: was sie nicht sagen.

leonhard: moment!

pfandleiher: ich höre nichts.

leonhard: sie sind also taub.
pfandleiher: stellen sie meine geduld nicht auf die probe. ich höre sehr wohl, aber ihre blumen singen nicht.
leonhard: wer hat gesagt, dass sie singen?
pfandleiher: gehen sie, packen sie ihr zeug und gehen sie!
leonhard: pardon, ich sagte, dass sie singen *können*.
pfandleiher: dann sollen sie singen.
leonhard: sie wollen nicht.
pfandleiher: sie stehlen mir die zeit.
leonhard (aufbrausend): sie zeihen mich des diebstahls?!
pfandleiher (beschäftigt): ich habe zu tun. adieu!
leonhard (bleibt stehen): sie sind nicht nur dumm, geizig, widerwärtig, fantasielos, sie sind auch ein lügner.
pfandleiher (beschäftigt): verschwinden sie!
leonhard: die zeit ist kein wertgegenstand, sie gehört weder ihnen noch mir. die zeit ist abstrakt und kann nicht gestohlen werden.
pfandleiher: was sie nicht sagen. zeit ist geld. (kramt)
leonhard: gut, dann verkaufe ich ihnen das vorige jahr, mit ausnahme der sonntage, die brauche ich selber.
pfandleiher: die zeit wohnt in der uhr. ohne uhr gibt es keine zeit, wenn sie eine uhr haben, werde ich sie kaufen. natürlich zu einem angemessenen preis.
leonhard: es gibt den tag und die nacht. dazu braucht man keine uhr.
pfandleiher: tage und nächte kann ich nicht kaufen. ich bin kein spekulant. einmal länger, dann wieder kürzer und werden in mancher gegend überhaupt ganz anders gehandelt.
ich bitte sie, denken sie an den äquator oder den nordpol. nicht zu machen. ein guter geschäftsmann arbeitet ohne risiko. stunden halten sich nach einer vorschrift. darüber lässt sich reden. aber ohne uhr keine stunden. die stunde ist die echte zeit. aber tage und nächte? niemand weiss, was das wert ist. ich versichere sie, man findet keine käufer dafür.
leonhard (denkt)
pfandleiher: was denken sie? was überlegen sie? das hilft nichts. gehen sie nach hause.
leonhard: die stunde ist nur ein nebenprodukt der zeit. nach 60 minuten ist sie reif und fällt von den uhren, völlig wertlos.
pfandleiher: sie werden mich nicht überzeugen. ich habe meine vorurteile.
leonhard: sie machen mich sehr unglücklich.
pfandleiher: essen sie, das ist medizin.
leonhard: ich habe nichts zu essen.
pfandleiher: ekelhaft. dann beissen sie ihre fingernägel, das schärft die zähne.

leonhard: ihr witz ist schlecht.
pfandleiher: einen besseren kann ich mir nicht leisten.
leonhard: sie sehen alt aus.
pfandleiher: ich bin 62 jahre.
leonhard (verärgert): sie sind älter als ich.
pfandleiher: ich bin wohlauf, das ist die hauptsache.
leonhard: sind sie verheiratet?
pfandleiher: lassen sie das sein.
leonhard: wie oft waren sie verheiratet?
pfandleiher: lassen sie das sein.
leonhard: wieviele frauen haben sie gehabt?
pfandleiher: lassen sie das sein.
leonhard: leben ihre eltern?
pfandleiher: mein vater ist tot.
leonhard: meine mutter ist tot.
pfandleiher: es sind zwei jahre, dass ich meinen vater verloren habe.
leonhard: meine mutter hat sich wieder verheiratet.
pfandleiher: jetzt lügen sie!
leonhard: sie ist soeben gestorben.
pfandleiher: tut mir leid. wieviele kinder haben sie?
leonhard (unsicher): ich habe – vier.
pfandleiher: söhne oder töchter?
leonhard: ich habe einen sohn und vier töchter.
pfandleiher (lacht): ich gratuliere.
leonhard: sie wurden soeben geboren.
pfandleiher: ich gratuliere.
leonhard: ich habe einen sohn und fünf töchter.
pfandleiher: gratuliere.
leonhard: ich habe einen sohn und sieben töchter.
pfandleiher: das ist arg.
leonhard: ich habe einen sohn und tausend töchter.
pfandleiher: sie setzen mich in erstaunen.
leonhard: ich habe einen sohn und 30 millionen töchter.
pfandleiher: kommen sie zu sich, bleiben sie ruhig.
leonhard (schreit): ich habe einen sohn und, und, – und, – und
pfandleiher: ich bitte sie.
leonhard: ich gebe es zu, ich bin witwer.
pfandleiher: bleiben sie stark.
(nimmt seine schulter, leonhard schüttelt sich in lautlosem schluchzen)
leonhard: ich kann nicht lügen. meine frau hat mich verlassen.
pfandleiher: ich bin untröstlich.
(streicht leonhard den rücken)
leonhard (erschüttert): verachten sie mich! – ich bin verlobt.

pfandleiher (schweigend und besorgt)
leonhard (fährt fort): glauben sie mir, ich will mich offenbaren, bis meine lage es erlaubt. ich will ihr alles sagen, wie es war, wie es ist, wie es sein wird, wie es nicht sein wird, wie es nicht ist, wie es niemals hätte sein können, wie es nicht war, wie es sein könnte, wie es hätte sein könen, wie es würde sein können. glauben sie mir, es geht aufwärts, dem ziele zu. auf der strasse werde ich sie ansprechen, mich niederknieen, ihre knie umfassen, sie wird meine hand nehmen, mich aus dem staub heben, der ich bin, und hand in hand, arm in arm, aug in aug, zahn in zahn werden wir die treppe hinaufschreiten, mit guten manieren, dezent gekleidet, wir werden das tor öffnen, wir werden eintreten und hintreten vor die theke und zusammen ein bier trinken.
pfandleiher: machen sie keine witze.
leonhard: ich gebe zu, sie liegt noch in den windeln, aber – (verklärt) ich kann warten.
pfandleiher (sehr reserviert): kommen wir zur sache, sie suchen eine frau.
leonhard (kleinlaut): ja.
(pause, beide blicken nachdenklich und lippenkauend etc. vor sich hin. diese pause gerät etwas lang)
pfandleiher: was haben sie gesagt?
leonhard: ich habe irgend etwas gesprochen.
pfandleiher: sprechen sie oft?
leonhard: ja, aber nur zum zeitvertreib.
pfandleiher: das scheint mir eine gefährliche unterhaltung.
leonhard: das ist wahr, aber nur wenn man zuhört.
pfandleiher: aber sie sprechen doch, um von mir gehört zu werden!
leonhard: das ist eine lüge, wenn ich ihnen etwas mitzuteilen hätte, würde ich es sein lassen, es würde in den sätzen hängen bleiben!
pfandleiher: es würde nur zu missverständnissen kommen,
leonhard: zu unstimmigkeiten führen,
pfandleiher: zu schlägereien,
leonhard: zu streit,
pfandleiher: ärger bereiten,
leonhard: freundschaften zerstören.
pfandleiher: wenn man zuhört,
leonhard: weiss man ja nicht, wie's gemeint ist.
pfandleiher: *sie* könnten es nicht besser wissen,
leonhard: *sie* könnten lügen,
pfandleiher: *sie* könnten es ehrlich meinen.
leonhard: aber wie soll das heraus?
wo soll das hinein?
pfandleiher: da kann man nur sprechen.

leonhard: ich spreche gern.
pfandleiher: es tönt,
leonhard: es ist laut,
pfandleiher: man kann es hören,
es beschäftigt die ohren,
leonhard: und die zunge,
pfandleiher: und die lunge,
leonhard: und die lippen,
pfandleiher: und die zähne.
leonhard: man kann es zerbeissen,
pfandleiher: man kann es zerkauen,
leonhard: man kann es schlucken,
pfandleiher: und man kann es ausspucken.
leonhard: man kann mit den stimmbändern schwingen,
pfandleiher: man kann es regulieren,
leonhard: laut und leise,
pfandleiher: hoch und tief,
leonhard: und vor allem in der mitte!
pfandleiher: ganz recht.
leonhard: man kann dabei gehen,
pfandleiher: man kann dabei sitzen,
leonhard: man kann dabei laufen,
pfandleiher: man kann dabei stehen,
leonhard: man kann dabei seine notdurft verrichten.
ich spreche gern.
pfandleiher: schwein, sie haben die riesin erfunden.
jetzt existiert in meinem kopf eine makellose figur, die mich belastet. zeit kostet. ich muss an sie denken, meine zeit an fiktionen verschwenden, geben sie es zu, diese riesin ist erfunden!
leonhard: das will ich nicht sagen.
pfandleiher: sie kennen ja nicht einmal ein grosses mädchen.
leonhard (geht und macht schritte mit vorgehaltener hand am ohr): das ist sie, ich höre ihre schritte auf der treppe, im haus, über den flur vor der tür, in meinen ohren. sie kommt aus dem kino.
pfandleiher: sprechen sie weiter!
leonhard: man hört das klappern der schmetterlingsflügel.
pfandleiher: was wollen sie wirklich?
leonhard: geben sie mir ein stück brot.
pfandleiher: hier ist die gabel,
(zieht ein mädchen hervor)
hier ist das messer.
(zieht einen jungen mann hervor)
nehmen sie platz und stillen sie ihren hunger.
(die beiden küssen einander zärtlich)

leonhard: danke, ich bin satt.
pfandleiher (schiebt die beiden unter den ladentisch): und jetzt?
leonhard: ich wäre ihnen sehr verbunden, ein glas wein trinken zu dürfen.
pfandleiher: warum so förmlich? hier der wein (junger mann) hier das glas. (mädchen – küssen einander zärtlich)
leonhard (wischt sich die lippen): danke.
pfandleiher (stellt wein und glas zurück): warum sind sie zu mir gekommen?
leonhard: ich wollte essen und trinken.
pfandleiher: und das mädchen?
leonhard: ich bin sehr einsam.
pfandleiher: sie sollten sich schämen. geben sie zu, dass sie das mädchen erfunden haben, eine geschichte, weil sie wissen, dass es mich weich machen wird. sie hatten keine schokolade nötig, die blumen waren aus den öffentlichen gärten, eine illustration. aber erklären sie, dass sie glücklich waren, diese geschichte erfinden zu dürfen, von ihr sprechen zu dürfen, das dumme mädchen, diesen niemand, diese ziege, diese gans, herauszustreichen, sie haben behauptet, sie habe vier arme und sechs beine.
leonhard: aber ich bitte sie.
pfandleiher: sie haben behauptet, sie sei unsterblich.
leonhard: aber ich bitte sie.
pfandleiher: sie haben behauptet, sie sei naschhaft.
leonhard: aber ich bitte sie.
pfandleiher: sie haben behauptet, sie sei 12 meter hoch und 4 kilo schwer.
leonhard: aber ich bitte sie.
pfandleiher: sie haben behauptet, sie sei tugendhaft.
leonhard: aber ich bitte sie.
pfandleiher: sie haben behauptet, sie sei gesprächig.
leonhard: aber ich bitte sie.
pfandleiher: sie haben behauptet, sie könne lesen und schreiben.
leonhard: aber ich bitte sie.
pfandleiher (erregt): sie haben überhaupt allerlei behauptet.
leonhard: dann müssen sie sterben!
(nimmt umständlich axt aus dem koffer. pfandleiher sieht ihm interessiert zu. leonhard hebt die axt)
leonhard (wendet die axt auf sich selbst): sie hatten recht, geld ist zeit. ich sehe es ein wir haben noch 20 minuten zeit, dann ist das stück aus. ich werde zuvor das holz in meinem kopf spalten. dann kommen sie dran. ich habe zeit und wenn da geld dazukommt, werde ich doppelt so alt, doppelt so klug, doppelt so gross und doppelt so dick werden.

pfandleiher: langsam leonhard, das würdest du nicht überleben. sei vernünftig.
(geht vertraulich auf leonhard zu)
wollen wir tauschen?
leonhard: was wollen sie tauschen?
pfandleiher: ich will meinen platz tauschen.
leonhard: wogegen, wenn ich fragen darf, mein herr?
pfandleiher: gegen ihren platz, wenn ich bitten darf.
(pause)
nun, wollen wir tauschen?
leonhard: meinetwegen.
pfandleiher (im abgehen, springend und tanzend):
auf jedem gehsteig ein springbrunnen
in jedem zeppelin eine gliederpuppe
ein fest, ein fest, ein fieberfest,
man wird die stadt illuminieren!
leonhard (im arbeitsmantel des pfandleihers): verschwinden sie, wenn sie nichts kaufen wollen! sie tagedieb, strolch, grillenfänger!
pfandleiher (kommt zurück): die blumen für die riesin!
(nimmt sie)
pfandleiher (ab):
fische
vögel
fahnen
paraden
fassaden
fontänen
lawinen
gardinen
girlanden
bananen
schamanen
sardinen
gardinen
garderobe
& mode
& moder
oder
matrosen
& rosen
zwischen mimosen
stossen
liebkosen
umtosen

die blossen
und grossen
flossen der haie
(schwimmt mit kräftigen stössen davon)
leonhard (sprecher):
jetzt schwimmt er im meer
der feine herr
vor meiner tür
was kann ich dafür

(1957)

die begabten zuschauer
ein prolog

zwei herren in abendanzügen treten auf, operngläser hängen um ihre hälse. dieses vorspiel sollte, wenn die rampe breit genug ist, vor geschlossenem vorhang aufgeführt werden. die beiden schauspieler haben sich einer gepflegten sprache zu bedienen, dürfen aber nicht vergessen, dass sie gegen das publikum spielen und nicht für dasselbe. die schauspieler müssen also imstande sein, wenn es der text verlangt, ungezwungen aggressiv zu sein, sie haben das gleiche »interesse« zu »zeigen«, das üblicherweise der zuschauer dem bühnengeschehen entgegenbringt.*

herr 1: wollen wir ins theater gehen?
herr 2: wir wollen hingehen.
herr 1: heute soll ein sehr schönes stück aufgeführt werden.
herr 2: wie heisst es?
herr 1: die begabten zuschauer.
es wurde ins französische übersetzt.
herr 2: ist das die erste vorstellung?
herr 1: nein, es ist schon viermal aufgeführt worden.
die heutige vorstellung ist für den dichter.
herr 2: wie ist es bei den ersten vorstellungen aufgenommen worden?
herr 1: mit allgemeinem beifall.
der verfasser war schon vorher berühmt
und dieses letzte stück hat seinen ruf noch vergrössert.
ich habe es gestern gesehen.
herr 2: wo waren sie?
herr 1: auf dem parterre und nach der pause im parkett.
herr 2: ich glaubte sie wären in einer loge gewesen.
herr 1: wir wollen hingehen und es sehen.
herr 2: ich bin es zufrieden.

. . . .

herr 2: es ist alles voll. es sind erschaunlich viele menschen da!
welch getöse!
herr 1: ja, besonders auf der galerie.
was sagen sie zu der bühne?

* sie zeigen mit den fingern etc. und wenn sie zeigen, haben sie anwesende personen, möglichst unbekannte, zu fixieren. sie betrachten die in rede stehenden personen mit den gläsern etc. sie sehen einander sowenig-als möglich an und hängen gebannt am geschehen im zuschauerraum, mit den blicken von objekt zu objekt springend sobald es genannt wird.

herr 2: sie scheint mir in anderen theatern grösser zu sein.
herr 1: die galerie ist schon voll menschen.
herr 2: die logen können garnicht alle damen fassen.
herr 1: nie habe ich das haus so voll gesehen.
herr 2: es sind sehr viele menschen drin.
herr 1: welch ein herrlicher anblick!
herr 2: diese damen sind sehr schön gekleidet.
herr 1: sehen sie jene dame in der ersten loge links?
herr 2: wie schön! sie sieht aus wie ein engel.
herr 1: sie ist sehr schön gebaut.
herr 2: kennen sie sie?
herr 1: ich habe die ehre.
herr 2: welch schöne gesichtsfarbe!
herr 1: ich habe nie in meinem leben ein so schönes gesicht gesehen.
herr 2: ihre zähne sind weisser als schnee. man sieht es ihr an den augen an, dass sie sehr viel verstand haben muss.
herr 1: die schönheit kann man wohl sehen, aber den verstand nicht.
herr 2: wir wollen zuhören.
herr 1: die dekorationen sind herrlich!
herr 2: dieses theater hat gute schauspieler.
herr 1: dieses mädchen spielt sehr gut.
herr 2: ein herrliches wesen!
herr 1: es heisst, sie verheirate sich mit dem herrn dort drüben.
herr 2: der alte gefällt mir.
herr 1: ja, er spielt sehr natürlich.
herr 2: er ist der bruder eines höheren beamten.
herr 1: er ist unnachahmlich.
herr 2: der alte spielt einzig!
herr 1: was halten sie vom ersten liebhaber?
herr 2: wo?
herr 1: dort drüben!
herr 2: sein spiel gefällt mir sehr.
herr 1: sie haben recht, die natur hat ihn mit grossen gaben ausgestattet.
herr 2: diese bühne kann sich rühmen.
herr 1: ja, und man hat mich versichert, sie dürfe sich kühn mit den bedeutendsten ensembles von europa messen.
herr 2: verzeihung, was ist das für eine schauspielerin, die soeben von den toiletten kam?
herr 1: es ist die zweite liebhaberin.
herr 2: sie scheint noch sehr jung zu sein.
herr 1: wissen sie denn nicht, dass die damen im theater sich eines ewigen frühlings zu erfreuen haben?

herr 2: wenn sie bloss das bestreben, u n s zu gefallen, bewöge, sich derart zu schmücken?

herr 1: ich bin überzeugt.

herr 2: wie recht sie haben.

herr 1: das stück ist aus.

herr 2: die neuen schauspieler gefallen mir sehr gut.

herr 1: ihr spiel ist edel und natürlich.

herr 2: sie machen gute figur.

herr 1: und wie gefällt ihnen das stück?

herr 2: ich sage, es ist eines unserer besseren – und deren gibt es wenige. aber endlich fügt sich die deutsche bühne dem guten geschmacke und gott sei dank dürfen wir hoffen, dass all die unsinnigen sogenannten berühmten stücke ganz von der bühne verbannt werden.

herr 1: wir wollen uns erfrischen; ich habe hier viel angst ausgestanden!

beide ab.

(1959)

idiot

ein menschenähnliches wesen wartet an einer strassenecke, halten wir es für einen mann und nennen wir ihn a. der geht auf und ab.

a (zu sich): verdammt.

b (kommt vorbei): halts maul!

a schweigt getroffen.

b blickt noch mal drohend zurück. a verneigt sich erschrocken. b ab.

c tritt auf.

im gesicht des a kann man sehen, dass er den c was fragen möchte. da bewegen sich die muskeln! der a macht keinen schritt.

c geht auf a zu und gibt ihm einen fusstritt. c ab.

d und ein mädchen treten hand in hand auf. das muss ein liebespaar sein!

a geht auf die beiden zu, räuspert sich, hustet und setzt zu einer rede an. das heisst er öffnet das maul.

d gibt ihm einen kinnhaken. das mädchen tritt an den gestürzten heran und dann tritt sie dem in die niere. a krümmt sich und stöhnt. dann nimmt das mädchen eine stange vom boden auf und schlägt sie dem d über den schädel. d fällt um.

e kommt von der anderen seite, schaut das mädchen an, verdreht ihr den arm, reisst ihn aus und haut ihr den arm über den schädel. das mädchen fällt um.

f kommt aus dem haus und gibt dem e einen tritt, dass er hinfällt.

f tritt dem e den kopf zu brei; geht wieder ins haus.

a richtet sich mühsam auf.

g kommt, nähert sich a.

g setzt zu einer frage an. das heisst, er reisst das maul auf.

a schlägt ihn nieder.

ein automobil kommt die strasse herunter. a schlägt mit der stange in den kühler. hinter a ist jetzt d aufgestanden, den a jetzt im gleichen zug niederschlägt, mit dem er die stange da aus dem kühler rausholte, und dann weiter auch gleich den automobilisten, der da jetzt aussteigen wollte. fast wäre der draussen gewesen! a nimmt die beiden und wirft sie in den fond, wo er sie achtlos hineinstopft wie zirka packpapier. dann haut er sich hinters lenkrad und fährt über das mädchen und nochmal zurück, drüber. dann beim dritten mal über das mädchen ab. die steht auf, wimmert und stöhnt mit dem oberkörper; der unterleib hängt leblos hinten.

ein polizist kommt angelaufen und setzt der mit schwungholen und schwung einen ungeheuren fusstritt ins maul, dass da blut herausstürzt. das automobil taucht im rückwärtsgang auf und überfährt den polizisten.

a reisst dem toten polizisten den revolver aus dem halfter und feuert in die leiche des polizisten und die leiche des mädchens.
dauerfeuer.
a ab.
a mit einem rasenmäher auf. er fährt über die leichen. die fetzen fliegen.
a ab.
a mit einem papiersack auf. er sammelt die fleischteile und wirft sie achtlos in eine papiertüte. er lässt die papiertüte achtlos fallen und geht ab.
a mit einer fast montierten maschine und ein paar ersatzteilen auf. er baut die maschine achtlos zusammen. sein blick kommt nie über die rampe, die augen sind glanzlos.
wenn was nicht gleich funktioniert, gibt a der maschine völlig ausdruckslos aber kräftige fusstritte. sofort setzt sich die maschine jeweils in gang. unbeeindruckt arbeitet a weiter.
plötzlich zeigt sich am rande ein menschenähnliches wesen.
obwohl a anscheinend nichts beachtet, stürzt er auf und tritt den kerl mit ungeheurer behendigkeit und vollkommen ausdruckslos aus der bühne.
a wird jetzt immer vollkommen ausdruckslos erscheinen, aber wenn nötig sehr spontan handeln!
a nimmt die tüte und leert sie in die maschine.
dann montiert er eine riesige kurbel. und beginnt zu drehen. aus der faschiermaschine kommt haschee. a kratzt das fleisch vom boden und macht knödel draus. das macht er ausdruckslos. er frisst die knödel. er klettert auf die maschine und scheisst hinein.
es kommen braune knödel raus. a frisst die braunen knödel.
ein mädchen kommt vorbei.
a bespeit sie im bogen von oben nach unten. gleich nach dem runterschlingen muss er speien. da ist keine pause! da muss eben das mädchen grade vorbeikommen.
das mädchen heult. er haut ihr eine runter, dass es knallt, und fällt über sie her. beim erguss verzieht er keine miene und steht auch gleich in einem zug auf und verzieht keine miene und geht nicht zu langsam nicht zu schnell und vor allem völlig ausdruckslos zu dem automobil, setzt sich rein, lässt den motor an, nicht zu langsam, nicht zu schnell, vor allem ausdruckslos und überfährt die.
sie kommt wieder zu sich und wimmert. ein fuss ist ihr abgefahren. a geht hin und reisst ihr den fuss ab. das mädchen wimmert. da stopft er ihr den fuss in den rachen. sie kotzt; auch ihren fuss.
ein plötzlicher anfall von raserei überkommt ihn. er tobt, presst ihr noch einmal den blutigen und jetzt angekotzten fuss zwischen die zähne, sehr schnell und heftig, und er presst mit aller kraft, seine augen

glänzen, die adern treten ihm aus dem schädel, da presst er der den fuss ins maul, hilft nach mit seinem fuss, tritt rein, dann beugt er sich runter und stösst die gefaustete hand bis an den ellbogen nach, und noch einmal, immer wieder. dann steht er auf, seine augen sind ohne ausdruck, er schmiert das blut achtlos in seinen anzug und springt ihr in den bauch. er nimmt die einfüssige und stopft sie in die maschine. er dreht an der kurbel. ein roter, blutiger knödel fällt raus. a frisst ihn, kauend und kinnladenschiebend.

f stürzt aus dem haus auf a, mit einem riesigen hammer in beiden fäusten.

f stellt sich hastig auf, plaziert seine füsse, ein bein vor und schwingt den hammer um den kopf. unbeeindruckt, nicht zu langsam nicht zu schnell, aber vor allem ausdruckslos, knöpft a seine hose auf, nimmt das glied raus und pisst in hohem strahl dem hammerschwingenden f ins gesicht.

f hält den hammer an und wischt sich das gesicht, ausdruckslos. oben geht ein fenster auf und eine frau wälzt einen riesigen stein aus dem fenster auf f.

f ist brei.

schnell aber ausdruckslos zielt a und schiesst die frau mit dem revolver aus dem fenster. das war tempo! so wie er sie gehalten, lässt a die waffe nach abzug des hahnes einfach aus der hand fallen und wendet sich anderen beschäftigungen ausdruckslos aber eifrig zu. das nimmt ihn wieder ganz gefangen.

die frau fällt langsam aus dem fenster. das strassenpflaster klatscht.

2. szene scheissdreck

a zieht eine zahnbürste aus der tasche.

a (ausdruckslos): diese zahnbürste ist ein scheissdreck (lässt die bürste fallen)

a (nimmt die krawatte ab): scheissdreck

a zieht seine schuhe aus, wirft sie ins publikum: scheisschuhe

a (denkt): scheisstag

a : scheissreden

a : scheisstheater

a : scheisspublikum

a zieht sich aus:	scheissrock
	scheisshose
	scheisshemd
(unterhose)	scheissunter
	scheissocken
a (betrachtet):	scheisskörper

a setzt sich und holt ein paket und eine flasche aus seinem rock, der herumliegt. nimmt butterbrot mit schinken aus dem papier und frisst.

a (murmelt): scheisshunger
a trinkt aus der flasche.
a : scheisstrinken
über die bühne gehen ein paar riesenfüsse.
a : scheissgott (er niest)
im zuschauerraum gegenüber der bühne hinter den letzten reihen wird eine zweite bühne beleuchtet, der vorhang geht auf. riesinnenbeine.
a : scheissfrau
a legt das papier aus dem er gefressen hat auf.
a : scheisspapier
und scheisst drauf: scheiss-scheissen
ein mensch tritt auf: bruder!
a : du sau. (schlägt ihn nieder)
a steht auf. er ist noch immer nackt.
a räuspert sich.
a : die kunst ist ein scheissdreck
die wissenschaft ist ein scheissdreck
die philosophie ist ein scheissdreck
die religion ist ein scheissdreck
die politik ist ein scheissdreck
der staat ist ein scheissdreck
die gemeinschaft ist ein scheissdreck
das mitleid ist ein scheissdreck
die roheit ist ein scheissdreck
die erziehung ist ein scheissdreck
die liebe ist ein scheissdreck
der stolz ist ein scheissdreck
die treue ist ein scheissdreck
die ehre ist ein scheissdreck
die untreue ist ein scheissdreck
die erotik ist ein scheissdreck
die sexualität ist ein scheissdreck
die freundschaft ist ein scheissdreck
die hoffnung ist ein scheissdreck
die verzweiflung ist ein scheissdreck
die angst ist ein scheissdreck
der mut ist ein scheissdreck
die ökonomie ist ein scheissdreck
das chaos ist ein scheissdreck
die natur ist ein scheissdreck
die erkenntnis ist ein scheissdreck
der zorn ist ein scheissdreck
die gleichmut ist ein scheissdreck
das schöne ist ein scheissdreck

die hässlichkeit ist ein scheissdreck
die stille ist ein scheissdreck
die gleichgültigkeit ist ein scheissdreck
jedes urteil ist ein scheissdreck
der verzicht ist ein scheissdreck
das verlangen ist ein scheissdreck
geben ist ein scheissdreck
nehmen ist ein scheissdreck
gehen ist ein scheissdreck
bleiben ist ein scheissdreck
hören ist ein scheissdreck
sehen ist ein scheissdreck
der genuss ist ein scheissdreck
die gefühle sind ein scheissdreck
denken ist ein scheissdreck
die eitelkeit ist ein scheissdreck
der luxus ist scheissdreck
die armut ist scheissdreck
der idealismus ist ein scheissdreck
der materialismus ist ein scheissdreck
die dummheit ist ein scheissdreck
die faulheit ist ein scheissdreck
der fleiss ist ein scheissdreck
der ehrgeiz ist ein scheissdreck
das holz ist ein scheissdreck
die elektrizität ist ein scheissdreck
die anziehungskraft der erde ist ein scheissdreck
jede anziehungskraft ist ein scheissdreck
das planetensystem ist ein scheissdreck
das schaltjahr ist ein scheissdreck
die menschlichen bedürfnisse sind ein scheissdreck
das vergnügen ist ein scheissdreck
das extrem ist ein scheissdreck
das mittelmass ist ein scheissdreck
das leben ist ein scheissdreck
der tod ist ein scheissdreck
der tag ist ein scheissdreck
die nacht ist ein scheissdreck

der mensch rappelt sich wieder auf, nähert sich a.

der mensch (eindringlich): bruder.

a : du sau. (schlägt ihn nieder)

a : die arbeit ist ein scheissdreck
die illusion ist ein scheissdreck
der individualismus ist ein scheissdreck

der gesunde menschenverstand ist ein scheissdreck
der verstand ist ein scheissdreck
der freie wille ist ein scheissdreck
das schicksal ist ein scheissdreck
die vernunft ist ein scheissdreck
das unterbewusstsein ist ein scheissdreck
die ethik ist ein scheissdreck
keine ethik ist auch ein scheissdreck
es bleibt die gerechtigkeit
der geiz
die unabhängigkeit
und der lärm

der mensch richtet sich auf: bruder!

a : du sau. (schlägt ihn nieder)
(pause)
ich bin gerecht. das ist klar.
ich geize mit allem.
ich bin unabhängig.
ich bin laut.
ich bin ein idiot. idiot sein, heisst, für sich sein.

der mensch wacht auf und applaudiert.

a : du sau. (schlägt ihn nieder)

der mensch sitzt und hält die hände über dem kopf.

a stürzt sich auf ihn und reisst ihm die arme aus.

a hat jetzt 4 arme.

der mensch ohne hände steht herum.

a : das war dumm von mir. natürlich ist er nicht verschwunden.
er ist da, das ist es.

a (brüllt) : das ist eine ungerechtigkeit. habe ich dir mein recht gegeben hier vor mir zu stehen? nein. ich will nicht mit mir sprechen! es ist eine ungerechtigkeit, du willst mich zwingen dich zu sehen, du willst mich zwingen dich zu hören. ich muss dich sehen, ich muss dich hören, wenn du hier herumstehst und du stehst hier herum. das ist es. scheissdreck. du willst auf den lichtstrahlen mit deinen bestandteilen in meine augen galoppieren, du willst auf den schallwellen in meine ohren traben und du tust es. oh ungerechtigkeit.

der mensch dreht sich um.

a : ah, ah nicht genug, nicht genug, auch noch die andere seite, vielleicht noch die fussohlen heben, die darmgeräusche herumjagen, die zunge zeigen, aufschneiden wollen, die innereien herzeigen, ah ah genug. totalität vortäuschen, du schwein. du willst mich zwingen, die augen zu verschliessen, finger in meine ohren zu stecken. als ob das nützen würde. vielleicht zu schlafen. du schwein du schwein, du niederträchtiges schwein, du willst mich zwingen zu schlafen. und ich würde wieder aufwachen, und müsste dich sehen dich hören und so weiter und wer weiss was noch. oh ungerechtigkeit. du willst, dass ich mich umbringe. mörder verbrecher schwein! ich will nicht mit mir sprechen. ich kann nur mit mir sprechen. denn was ich spreche kannst du nicht verstehen, wie ich nicht verstehen kann was du sprichst. ich kann mir etwas herausnehmen für mein verständnis ich kann mir aus dem rand deiner rederei einen bilderbogen für mein verständnis machen und ihn fressen du schwein. ich will nicht mit mir reden. du bist mir anlass mit mir selbst zu reden. du kannst mir gelegener oder ungelegener anlass sein mit mir selbst zu sprechen, denn ich spreche für mich. wenn ich mit mir spreche kannst du mir oder irgendetwas dazwischen kommen, ja, aber das ist zufall, versteh ich mich recht? ich spreche mit mir! scheissdreck. dieser zufall ist die regel. es steht und geht soviel herum. wenn ich mit mir spreche kommt mir etwas dazwischen, so ist es recht, denn es ist die regel. nur nicht den kopf verlieren und die dinge durcheinanderschmeissen. ich spreche mit mir und nur mit mir. mach kein ohrgesicht, du schwein. habe ich dir erlaubt dir aus meinem gerede irgendeinen beistrich herauszunehmen und für dich irgendein verständnis zusammenzukleistern? schwein. affe, ziegenbock!

wie er mich verstehen will, dieses rhinozeros, dieser scheissdreck. oh ungerechtigkeit, wenn du mich verstehen könntest, würde ich nicht einmal für meinen lärm sprechen. ich bin zu geizig dir etwas zu geben. fort, fort. ich will auch nichts nehmen, keine beistriche, keine punkte, nichts, überhaupt nichts, ich gebe nichts, ich nehme nichts, ich brauche nichts und nichts, das bin ich, ich.

ah, wie er denkt, denkt, dieses stinktier. er denkt das denkbare. und was ist das? das ist das was nicht ist, was unmöglich ist, weil es nicht ist, weil es denkbar ist. er macht sich seine gedanken, dieses schwein, dieses stinkende schwein. ah ich ersticke. du schwein willst mich in die fänge der wissenschaft treiben, du willst dir die physik zunutze machen, du willst sie erfinden, nur damit ich dich sehen, dich hören, zur kenntnis nehmen muss, ah, da hast du (schlägt ihn wieder nieder).

der mensch versucht sich aufzurichten.

a : ah, mit hilfe der erdanziehung willst du dich hier festhalten! ich werde dir einen schwerpunkt GEBEN! (tritt ihn nieder). oh scheissdreck, ich habe gegeben, ich habe zu einer schwerpunktsveränderung verholfen, ich geholfen, ich habe anlass gegeben, weh mir, weh, der zorn, der zornscheissdreck (weint), weh die rührung, weh!

3. szene

der mensch ohne arm richtet sich auf.

der mensch: du sollst . . .

a : halts maul. ich soll nicht, ich bin zu nichts berufen. ich werde mich hüten mir eine zukunft aufzubauen. die zukunft ist ein unerreichbares paradies, stinkender pfaffe, was ich tue, geschieht, aber ich SOLL es nicht tun. es geschieht. ich könnte nicht, nein, ich kann. denn was ich könnte, kann ich nicht, sonst hätte ich es gekonnt. jetzt. es ist dumm zu sagen, tu das, denn wenn ich es tue, tu ich es, und wenn ich es nicht tue, tu ich es nicht, das heisst, dann kann ich es auch nicht, ich hätte es nicht gekonnt. sag nicht suche dein dir bestimmtes, du verlogenes schwein, schweinischer lügner, ich lass dir deine lüge, denn deine lüge bist du, vielleicht, ich weiss nichts von dir und will von dir nichts wissen, das heisst ich kann von dir nichts wissen, denn zwischen uns ist ein unüberbrückbarer abgrund des unverständnisses. ich will keine verschwendung, was rede ich mit mir? ich bin nicht in der zukunft. ich bin hier, hier. scheissdreck. ich schwatze mit mir. säuischer lump, was versuchst du da, du versuchst eine brücke zu schlagen. es ist furchtbar, ich kann dir nicht sagen, dass es umsonst ist, dass es nicht geht, du kannst mich nicht verstehen. du hörst IRGENDETWAS und treibst damit unfug, sau, sau, ich zertrete dich (gibt ihm einen fusstritt).

der mensch: suche dein wahres ich, verberge dich nicht länger hinter entsetzlichem.

a : betrüger, ich will mich auf den leim locken. achtung, aufgepasst, ich vor mir. ich will mir eine falle stellen! scheissdreck. das ist verrat. ich würde mich verraten, wenn ich mich suchen würde. ich wäre ausser mir. aber ich bin hier, hier. (schlägt auf sich, wie ein orangutan) das bin ich, mein wahres ich, ich, ich! was ich sein werde, werde ich sein. was ich bin, bin ich, das ist es. ich bin ich. das ich die wahrheit, die ein scheissdreck ist. es gibt nichts was ich sollte, denn ich kann das was ich kann, nicht umsonst. warum soll ich mich von einem gespenst, von einem scheissdreck, von einer zukunft tyrannisieren lassen. ein witz meiner selbst. ich bin kein witz, ich bin ich. in keinem hinblick. jetzt! es ist nicht möglich, dass. scheissdreck. es ist, wie es ist. möglich oder unmöglich, was tuts. nicht sagen, dass ist unmöglich, das würde beweisen, das sie das mögliche, dastehende negieren wollen. seien sie kein träumer, herr ich; scheissdreck halts maul! das mag schlecht sein; darf ich aber sagen, ich sollte etwas besseres haben und könnte es haben, wenn ich nur wollte? scheissdreck! ich habe gerade das was ich haben kann und das habe ich, das bin ich und so weiter. scheissdreck! was ich habe, bin, ist das einzig mögliche! scheisszufall (zum menschen ohne arme), ich spreche mit mir (gibt ihm einen tritt).

(szene)

na du alter stinker, wirst auch immer älter.
ha ha, der junge herr sind immer so lustig.
halts maul.
sie bluten ja, da am kopf bluten sie ja.
du stinkst. verschwinde.
hab mich angeschissen, aber der junge herr bluten vom schädel. sind halt auch ein rechter trottel, der junge herr.
was sitzt du da herum, geh ins haus, leg dich ins bett, schlaf dir deine krankheiten aus.
ich kann nicht.
(schiesst eine konservenbüchse nach dem alten mann mit fuss, der alte versteckt den kopf in den armen)
meine frau hat einen herrn bei sich.
was, der alte misthaufen begattet noch immer.
ja, seit gestern mittag und solang sitz ich hier.
na ihr müsst geld haben, ihr verdammten pensionisten, dass ihr euch strichbuben leisten könnt.
er zahlt.
hahahah
(der alte dreht sich um, ruft ins haus hinein) komm raus, der glaubt nicht, dass du zahlst.
(ein junger kräftiger mann tritt auf, gibt dem jungen herrn eine ungeheure ohrfeige) na glaubst dus jetzt.
na ja, wenn du willst.
komm her, kannst mir auch eine runterhauen.
(haut dem kräftigen kerl eine runter)
(der kräftige kerl umarmt ihn)
verdammtes schwein, hast mich reingelegt. (zieht pistole und schiesst ihn übern haufen)
(der alte) jetzt kannst aber du reingehen und mit meiner alten auf die matratze springen.
mhm
(der alte schliesst wieder die augen, sonnt sich weiter)
(stürzt heraus) das ist ja ein kind.
na und, kannst du kinder nicht leiden?
ich scheiss auf kinder, ich will deine alte.
das is meine alte. (lacht)
(schiesst auf den alten)
(während ihm blut aus dem mund läuft) bist du aber angerührt.
(1960)

der berg

der eine
der andere
sprecher

sprecher: zwei wanderer nähern sich über die hochebene von kwangtung den meï-bergen. sie gehen frisch drauf los, sie gehen, als ob es kein hindernis gäbe. dort ist der berg.
d. eine: wir wollen eilen
d. andere: nach den bergen eilen um sie zu erreichen
d. eine: ehe sie in der fernen ferne versinken
d. andere: im dunkel versinken
d. eine: vor unseren Augen
sprecher: bedenken steigen auf, aber keine zweifel, ihr schritt wird zögernd. sie bleiben nicht stehen.
d. eine: dort in der ferne ragen die berge
d. andere: es dämmert
d. eine: es wird abend
d. andere: wir gehen in die irre
d. eine: hier muss es sein
d. andere: hier muss er sein der abend der dämmert
d. eine: der verirrte abend der vor den bergen dämmert
d. andere: wir gehen in der irre
d. eine: das dunkel dämmert vor meinen augen
d. andere: die wolken verdunkeln
d. eine: das gras wird schwarz
sprecher: das ist wahr. ja, sie bleiben manchmal stehen und sehen nach den bergen, die flache hand über der braue.
d. eine: die berge entfernen sich
d. andere: die ferne entfernt sich
d. eine: die berge verbergen einander
d. andere: die ferne entfernt sich in der ferne
d. eine: die berge entfernen sich in weit entfernte gebirge
d. andere: wo einander verborgen sich berge verbergen
d. eine: dort birgt sich der berg
d. andere: den wir suchen
d. eine: dort verlirt sich der berg in ferne fernen über den bergen
d. andere: darunter sich berge bergend verlieren
d. eine: ragt auf zu den sternen
d. andere: im dunkel
d. eine: es dämmert

d. andere: in der ferne
d. eine: verlieren sich berge und sterne
d. andere: im dunkel
d. eine: geborgen in ferne und dunkel ruht das gebirge unter den sternen
d. andere: nun sind die berge verloren
d. eine: das ganze gebirge
d. andere: aus den augen
d. eine: verloren
d. andere: ruhen die berge
d. eine: in unendlicher ferne unendlich fern geworden
d. andere: im dunkel der sterne verdunkelt
d. eine: in unendlicher ferne verbirgt sich das entfernte gebirge
d. andere: das dunkel entfernt die gebirge
d. eine: entfernte fernen entfernen sich in entfernte fernen
d. andere: ein dichter nebel hüllt alles ein
sprecher: die sterne glimmen im dunkel. ein ferner stern verdunkelt im nebel. verborgen im wuchernden gras, schreiten die beiden verloren. sind sie müde? ja, sie sind müde. sie haben den weg verloren.
d. eine: wozu eilen?
d. andere: wir wollen verweilen
d. eine: für eine weile wollen wir verweilen
d. andere: verweilen im eilen
d. eine: so wollen wir verweilen ehe wir nach den steilen bergen
d. andere: die sich im dunkel verbergen
d. eine: eilen wollen
d. andere: den steilen bergen in den entfernten fernen in den teilen der ferne
d. eine: entfernt vor unseren augen
d. andere: teilt sich die ferne in ihre teile
d. eine: versinken
d. andere: die teile
d. eine: vor den augen
d. andere: versunken
d. eine: aus den augen
d. andere: verloren
d. eine: in sterne verkeilt
d. andere: ruhen die berge in den teilen der ferne entfernt im dunkel
d. eine: wir wollen eilen
sprecher: bemüht, den weg zu finden, den sie verlassen, dringen die beiden ins schilf. der boden schwankt.
d. eine: wir gehen in die irre

d. andere:	wir gehen in der irre
d. eine:	hier muss es sein
d. andere:	meine beine versinken
d. eine:	ich sinke ein
d. andere:	wir haben den weg verloren
d. eine:	hier muss er sein
	der weg den wir wagen
d. andere:	verwegen
d. eine:	den weg
d. andere:	in den wogen des dunkels
d. eine:	versunken im dunkel
d. andere:	wir sind in der irre
d. eine:	das dunkel dämmert vor meinen augen
d. andere:	die sterne versinken
d. eine:	ein irrweg
d. andere:	ein irrstern
d. eine:	zerfurcht das dunkel
d. andere:	auf seinem weg
d. eine:	in die irre
d. andere:	ich sinke ein
d. eine:	ich sinke
	ertrinke
d. andere:	wo bist du?
d. eine:	es ist zu dunkel
	die sterne versunken
	wir haben uns entfernt
	in den furchen des dunkels
	wir haben uns geteilt
d. andere:	geteilt in der eile
	wo bist du?
d. eine:	hier ganz in der nähe
d. andere:	hier nahe bei mir?
d. eine:	ich bin dir ganz nahe
d. andere:	hier?
d. eine:	nahe
d. andere:	wo?!
echo:	wo
d. andere:	wo ist wo?!
echo:	wo ist wo
d. eine:	das kommt aus den bergen
d. andere:	wo sind die berge?! sind die berge?!
echo:	die berge sind die berge
d. andere:	und wo ist der berg?! ist der berg?!
echo:	der berg ist der berg

d. eine: ein echo
d. andere: aus den bergen
d. eine: aus den bergen ganz in der nähe
d. andere: die sich verbergen vor unseren augen im dunklen gebirge
d. eine: wir sind in der nähe
d. andere: ganz in der Nähe
d. eine: ohne zu eilen
d. andere: wollen wir uns nähern
d. eine: ganz in die nähe
d. andere: ganz nah
d. eine: wir wollen suchen
d. andere: ganz in der nähe
d. eine: hier und dort
d. andere: oben und unten
d. eine: und in der ferne
d. andere: keine spur von den bergen
d. eine: keine spur
d. andere: es ist nacht
d. eine: der wind hat sich gelegt
d. andere: wir sind mitten im sommer
sprecher: aufrecht steht das vertrocknete schilfrohr. das dunkel verblasst. ein kiesel knirscht unter dem fuss.
d. andere: ich habe eine spur gefunden
d. eine: das ist ein hase
das war ein hund
ein pferd
eine ziege
eine krähe
ein fuchs
aber keine spur von den bergen
sprecher: die falsche spur ist gefunden. ist es die falsche? wer denkt daran?
d. andere: wir haben den weg gefunden
d. eine: haben wir den weg gefunden?
d. andere: plötzlich haben wir den weg gefunden
d. eine: hier sind spuren
d. andere: sind hier spuren?
das ist der anfang
d. eine: hier beginnt der weg
d. andere: der führt in die irre
d. eine: der führt zurück
d. andere: das ist kein weg
d. eine: da sind die spuren wieder zu ende

sprecher: den weg finden und ihn nicht erkennen: so den weg verlieren. ratlos stehen sie da. jetzt gehen sie weiter, hierhin und dorthin: zwei wetterfahnen im wind. werden sie den weg so wiederfinden?
d. andere: da war der fuss des berges
d. eine: er war da
d. andere: bewachsen mit moos
d. eine: verdeckt durch gras
d. andere: verborgen unter steinen
d. eine: mit pfützen bedeckt
d. andere: umgeben von morast
d. eine: das war der fuss des berges
d. andere: es ist zu dunkel
d. eine: wir sind zu ungeschickt
d. andere: noch ist es zu dunkel
d. eine: wir gingen daran vorbei
d. andere: noch ist es zu dunkel
d. eine: wir sind zu ungeschickt
d. andere: es ist zu dunkel
d. eine: das war der fuss des berges
d. andere: umgeben von morast
d. eine: mit pfützen bedeckt
d. andere: verborgen unter steinen
d. eine: verdeckt durch gras
d. andere: bewachsen mit moos
er war da
d. eine: da war der fuss des berges
d. andere: da sind die spuren wieder zu ende
d. eine: das ist kein weg
d. andere: der führt zurück
d. eine: der führt in die irre
d. andere: hier beginnt der weg
das ist der anfang
d. eine: sind hier spuren?
d. andere: hier sind spuren
d. eine: plötzlich haben wir den weg gefunden
d. andere: haben wir den weg gefunden?
d. eine: wir haben den weg gefunden
d. andere: jetzt steigen wir auf
sprecher: sie steigen auf und sehen. ja, beide sind fröhlich. jetzt ist es so richtig tag geworden! und diese helle?
d. eine: das ist der berg
d. andere: ich sehe ihn
d. eine: ich sehe das eis

d. andere: ja das ist der berg
d. eine: mit seinem fuss
d. andere: auf der einen seite hell
d. eine: im schatten die andere
d. andere: so ragt er in den himmel
d. eine: mit dem fuss auf der erde
d. andere: ja das ist der ganze berg
d. eine: hier trägt er das gras
d. andere: das wuchernde gras
d. eine: und dort oben den schnee
d. andere: den glänzenden schnee
d. eine: ja das ist der ganze berg
d. andere: ja so ist er
sprecher: wiederfinden, was verloren werden musste: wozu das?
als ob das gleiche das gleiche bliebe! ein alter spruch
sagt: im hören der stimme den weg finden.
d. eine: siehst du die spuren im schnee?
die spuren im gras?
die spur des hasen?
die spur eines hundes?
die spuren der pferde?
die spur der ziege?
die spur der krähe?
die spur des fuchses?
d. andere: ich höre den wind
sprecher: schleier senken sich über augen und ohren.
nichts sehen. nichts hören.
noch verbergen die wolken den gipfel des berges.
d. eine: schon schien der berg erstiegen
d. andere: doch scheint er zu steigen
d. eine: er steigt mit uns
d. andere: je höher
d. eine: wir steigen
d. andere: desto weiter
d. eine: entfernt sich der gipfel in die ferne ferne
sprecher: felswände steigen auf. glasblaues eis zu ihren füssen.
so stehen sie da. mit schnee bestäubt. die beiden.
d. andere: hier geht es nicht weiter
d. eine: der pfad wird zu schmal
d. andere: tritt in die tritte
d. eine: das eis ist zu glatt
ich stürze
ich trete
ich fasse
ich halte

d. andere:	halte dich fest
	nimm das seil fest in die faust
d. eine:	fast wieder gestürzt
d. andere:	lege die hand fest auf den stein
	presse hinein
	tief in den fels
	hinein in die ritzen
	schlage die eisen
	nimm das seil
	nimm das eisen
	nimm den tritt
	halte dich fest
	reiss das eis mit dem eisen vom fels
	stosse das eisen ins eis
d. eine:	ich gleite
d. andere:	ich halte dich fest
	halte dich fest
d. eine:	ich kann nichts sehen
	alles ist weiss
	ich bin geblendet von der weissen weisse des eises
d. andere:	spitzen und schollen
	schneebedeckt
d. eine:	überall eis
d. andere:	im blanken eis
d. eine:	in der weissen weisse des eises
	funkelndes eis
d. andere:	planken aus eis
d. eine:	graben aus eis
d. andere:	im glasigen eis
	zerfurchen das eis
d. eine:	gebirge aus eis
d. andere:	eisspalten
d. eine:	eislöcher
d. andere:	eisblauer himmel
d. eine:	hier geht es nicht weiter
d. andere:	ich versinke im schnee
sprecher:	da stecken die beiden hilflos im schnee. wozu haben sie sich am seil festgebunden? ist das eine art, einen weg zu gehen? hat die Kälte ihren verstand verwirrt? dieses weinerliche geplapper! was wollen die beiden?
d. eine:	wir wollen ein wenig ruhen
d. andere:	bald scheint der gipfel ganz nahe
d. eine:	bald verschwindet er in der ferne
d. andere:	bald verschwindet er im nebel

d. eine: bald verbirgt er sich in den wolken
d. andere: du darst die hände nicht vom seil lassen
sprecher: was soll das heißen? wo stecken die beiden? hat sie der mut verlassen? sind sie schon abgestiegen? es war ja nichts anderes zu erwarten!
d. eine: steigen wir auf oder steigen wir ab?
d. andere: ich weiss es nicht
d. eine: der weisse schnee
d. andere: das weisse licht
d. eine: die weisse weisse des eises
d. andere: wo geht es weiter?
d. eine: wie geht es weiter?
d. andere: ich weiss nichts
ich weiss es nicht
d. eine: die weite weitet sich
d. andere: die weite weitet sich weiter
d. eine: die weite weite hat sich geweitet
d. andere: hier geht es nicht weiter
d. eine: plötzlich sind wir da
d. andere: ja wir sind da
d. eine: ja wir sind oben
d. andere: ganz oben
d. eine: und betrachten das tal
d. andere: das versunkene tal
d. eine: du bist heiter
d. andere: wir sind da
sprecher: jetzt lachen sie! als ob sie ein verdienst hätten! eine feine gesellschaft!
d. eine: wir steigen zu tal
d. andere: wir steigen hinunter
d. eine: dennoch steigen wir
d. andere: ja wir steigen
d. eine: eine allgemeine helle
d. andere: ja es leuchtet
d. eine: ja wir waren oben
d. andere: so bleiben wir oben
d. eine: ja wir bleiben
d. andere: wir bleiben wo wir gewesen sind
d. eine: einmal gewesen sind
d. andere: irgendwann einmal sind wir irgendwo gewesen
d. eine: und da bleiben wir auch
d. andere: wo wir gewesen sind da bleiben wir auch
d. eine: und gehen
d. andere: und während wir gehen bleiben wir

d. eine: und steigen zu tal
d. andere: und als wir aufstiegen
d. eine: versank das tal
d. andere: und der gipfel entfernte sich in die ferne
d. eine: und wir steigen zu tal
d. andere: und das tal ist da
d. eine: und der gipfel ist da
d. andere: du bist heiter
d. eine: ja
d. andere: du bist satt
d. eine: ja
d. andere: der regenbogen spannt sich über die steilen wände
d. eine: ja
d. andere: ja
d. eine: ja
d. andere: ja
sprecher: der kühle wind beugt das schilfrohr im tal.
d. andere: wieder im tal
d. eine: dennoch nicht im tal
d. andere: dennoch auf dem berg
d. eine: dennoch auf dem berg der hell und schattig ist
d. andere: ja
d. eine: dennoch im tal
d. andere: ja
d. eine: oder auf dem berg der hell und schattig ist
d. andere: ja
sprecher: die berge entfernen. die ferne entfernen.
d. eine: jetzt verschwinden die berge wieder in der ferne
d. andere: so mögen die berge in der ferne verschwinden
d. eine: sie mögen einander verbergen
d. andere: sich bergen
d. eine: sich in die ferne entfernen
sprecher: alles aus stein.
d. eine: wir wollen nicht länger verweilen
d. andere: lass uns gehen
d. eine: die berge sind verschwunden
d. andere: so dehnt sich ein weiter blauer himmel
d. eine: ohne ende
d. andere: o wunder es gibt keine berge mehr
d. eine: der blaue himmel fällt in stücke
d. andere: o wunder es gibt keinen himmel mehr
d. eine: o wunder es gibt keine wunder mehr
d. andere: hier sin die spuren die zum berg führen
d. eine: ja hier sind sie

d. andere:	ja hier war es
d. eine:	ja da ist es
d. andere:	ja wir sind da
d. eine:	hier haben wir den aufstieg begonnen
d. andere:	na dann werden wir eben hier den berg verlassen
d. eine:	wie die wilden
d. andere:	ja
d. eine:	ja
d. andere:	ich bin heiter
d. eine:	ja ich bin heiter
d. andere:	ja ich will mich im wirtshaus erfrischen
d. eine:	ja
d. andere:	ja!
d. eine:	ja!
d. andere:	ja!!
d. eine:	ja!!!

(1961)

der see (1)

von einem mann und einer frau zu sprechen.
der in der barke liegt eben da in der barke
und hat mit den beiden ausser der optik
gar nichts gemeinsam.

brauchen wir wasser für den see?
die sterne glänzen
die sonne leuchtet
ist das wasser?
ein see ohne ufer?
ein see ohne wasser?
ich habe frau und kind
über dem see weht der wind unter dem see
es ist windstill
es ist frühling und herbst
es ist winter
es ist nicht nötig zu schwitzen
es ist nicht nötig zu laufen
stehen sie auf
es blitzt nicht
es regnet nicht
es schneit nicht
es donnert nicht
gibt es hier keine berge?
die gegend ist flach wie meine hand
die vögel tauchen ins wasser
die fische durchqueren das wasser
die fische tauchen empor
die vögel fliegen fort
sie fliegen im kreis
es blitzt nicht
es schneit nicht
das wasser trieft uns aus den kleidern
weder heiss noch kalt
das gras wächst
hier stand eine blume
hier steht eine welke blume
ihr haar ist nass
das gras wird geschnitten
ein guter haarschnitt

hier wachsen die haare heraus
hier wächst das gras heraus
hier wachsen blumen
kennen sie diese bäume?
anfangs war er nicht grösser als ein kirschkern
alles wird immer grösser
es dehnt sich aus
es wächst
bei licht spenden die bäume schatten
stehen sie auf
es schneit nicht
es donnert nicht
ihre hand auf meinem schenkel
die sterne spenden licht im dunkel
frieren sie?
das sind keine bäume
die fische tauchen empor
die vögel fliegen fort
kein berg wirft seinen schatten
dort wächst kein gras
das ist kein vogel
es ist nicht nacht
stehen sie auf
was gänzt da?
was leuchtet über dem wasser?
die fische tauchen nicht empor
das ist kein stern
stehen sie auf
lichter im dunkeln
können sie mich sehen?
wir gehen im kreis
das wasser spiegelt
nehmen sie meine hand
wo sind sie?
ich bin hier
hier ist keine hand
es blitzt nicht
es regnet nicht
es schneit nicht
stehen sie auf
es ist nicht tag
es ist nicht lau
die gegend ist flach wie meine hand
hier muss es sein

stehen sie auf
es blitzt nicht
es regnet nicht
ich habe frau und kind
ich habe proviant mitgenommen
ich habe hunger
ich habe zuwenig mitgenommen
haben sie zeit?
dort liegt er dort in der barke mitten im see hier
er sieht uns nicht und hat die augen offen
er hört uns nicht und ist nicht taub
na warte du naseweiser kerl
mitten im see

(1961)

der see (2)

die drei frauen:	seht den glücklichen
	seht den glücklichen
	in seiner barke im see
	geduldig und heiter
	ein see im see
	so ruht er im see
	wortlos und lächelnd
	innen stark
	ruht der see im see
1. frau	wir wollen ihn betrachten
	in seiner bedürfnislosigkeit
2. frau	he du wach auf
	das schilf verfärbt sich
	die kraniche ziehen
	hier ist wein im krug
3. frau	he du
	wir folgen der spur des herbstes
	im farbigen gras
die drei männer:	der unbewegte see
	kein windhauch regt sich
	kein berg wirft seinen schatten
	in diesen spiegel
	in die unendliche ebene
	riefen wir
	und gingen den weg beharrlich
	umgeben von ginster
1. mann	die sperlinge tauchen ins wasser
	und werden muscheln
	die schmetterlinge verwandeln sich
	in glitzerndes laub
	sie tanzen auf der himmelsfahne
2. mann	die drei schwestern
	am ufer des sees
	betrachten den glücklichen
	in seiner barke
	aus dem mund der jüngsten
	ertönt liebliche musik
	im westen bläht sich
	die weisse himmelsfahne
3. mann	der weisse tau fällt
1. mann	über dem see weht der wind

1. frau	seht die drei brüder wie sie das grosse wasser durchqueren
2. frau	fördernd ist es
3. frau	es wird gelingen
1. frau	ein kranich ruft im schatten der büsche
2. frau	sein junges antwortet dem ruf des kranichs
3. frau	ein gutes zeichen
1. frau	sie teilen den see jeder für sich keiner blickt nach dem anderen
2. frau	der glückliche ruht in seiner barke

die 3 männer steigen aus dem see
die 3. frau läuft davon

1. mann	die blitze über dem see
2. mann	kein donner
1. mann	die blitze flammen nach oben
2. mann	der see sickert nach unten
3. mann	sie ist davongelaufen
1. mann	lauf ihr nicht nach sie kommt wieder ohne bemühen
2. mann	bleib stehen
1. mann	beschmutzt vom schlamm steht er da triefend von wasser erst spannt er die sehnen seiner beine dann bleibt er stehen locker in den gelenken
2. mann	wir stiegen aus dem wasser jetzt fällt regen um uns zu erfrischen nach der schwüle vor dem gewitter
3. mann	der glückliche ruht in seiner barke
1. mann	der regen über dem see
2. mann	die ufer über dem see
1. mann	von oben gleiten die ufer in die tiefe des sees
2. mann	so nähert sich die schwester dem bruder wieder

1. mann	sie folgt dem ruf wie das junge dem ruf des kranichs ohne makel
2. mann	oben der himmel unten der see nun tritt sie auf in heiterkeit und bleibt nicht stehen und schreitet weiter
die drei männer:	und der glückliche in seiner barke geduldig und heiter ein see im see so ruht er im see

(1961)

diskurs über die hoffnung

1. frau: ich brenne
2. frau: ich friere
3. frau: wo bin ich?
4. frau: wer bin ich?
3. frau: rosa!
4. frau: du bist hier
3. frau: ich bin bei dir
4. frau: sie brennen
3. frau: sie brennen rosa
4. frau: und frieren
3. frau: und frieren anna
4. frau: wir
3. frau: rosa und anna
4. frau: anna und rosa
3. frau: wir ganz nahe
4. frau: und sie?
3. frau: entfernt
4. frau: von diesen
3. frau: wir
4. frau: anna und rosa
1. frau: sie kommen
2. frau: sie kommen
3. frau: wann werden sie kommen?
4. frau: wann?
3. frau: sie brennen und frieren
4. frau: und hoffen
3. frau: worauf?
4. frau: sie hoffen auf hoffen
3. frau: wozu?
4. frau: wer hofft der brennt
wer hofft der friert
3. frau: ohne hoffen kein brennen
ohne hoffen kein frieren
2. frau: wir hoffen und frieren und hoffen
1. frau: und brennen
2. frau: und hoffen
1. frau: die hitze wärmt
2. frau: die kühle kühlt
1. frau: kühlende hitze
2. frau: brennende kälte
3. frau: was ist kalt?

4. frau: was ist heiss?
2. frau: die hoffnung
4. frau: wie glühendes eisen?
3. frau: wie eis?
2. frau: keine vergleiche
1. frau: keine bilder
2. frau: es ist
1. frau: was es ist
3. frau: was ist es?
1. frau: heiss
2. frau: und kalt
3. frau: wie heiss?
4. frau: wie kalt?
2. frau: es ist
1. frau: so
2. frau: ja
1. frau: genau
2. frau: so
3. frau: genau?
2. frau: so
4. frau: ganz genau?
1. frau: so
2. frau: ungefähr
3. frau: wie ungefähr?
1. frau: so ungefähr
2. frau: ungefähr
1. frau: so ungefähr ungefähr
2. frau: kalt
1. frau: und heiss
3. frau: ungefähr kalt
2. frau: ja
4. frau: und ungefähr heiss
1. frau: so ist es
3. frau: wie?
2. frau: in dieser art
1. frau: ja so mag es wohl sein
4. frau: und es ist kalt und heiss?
2. frau: so ziemlich
1. frau: ungefähr etwa in dieser art
4. frau: zugleich kalt?
3. frau: und dabei heiss?
2. frau: man könnte so sagen
1. frau: zirka
2. frau: wenn man es nicht besser sagt

1. frau: zirka
2. frau: ja so ist das
1. frau: ja ganz genau so
2. frau: ungefähr
1. frau: etwa
2. frau: so
1. frau: ja so könnte es sein
3. frau: wenn man es von dieser seite betrachtet
2. frau: ja ganz recht
3. frau: und von der anderen seite?
4. frau: einer ganz anderen?
3. frau: irgendeiner anderen seite?
1. frau: ist es genauso
2. frau: ja ganz genauso
1. frau: wenn man es so betrachtet
2. frau: ungefähr
1. frau: etwa
2. frau: so
1. frau: ist es
3. frau: also heiss?
1. frau: ja
4. frau: und kalt?
2. frau: ja
3. frau: von allen seiten?
1. frau: ja
2. frau: so ungefähr
1. frau: etwa in dieser art
2. frau: könnte es sein
1. frau: wenn man will
2. frau: wenn man wollte
3. frau: wie würden sie die sache betrachten?
1. frau: von allen seiten
2. frau: ja ungefähr von allen
1. frau: so ungefähr
4. frau: würden sie es also betrachten?
1. frau: man könnte es so ausdrücken
2. frau: ja so ungefähr
1. frau: in dieser art
2. frau: könnte man auch sagen
1. frau: wenn man wollte
3. frau: wollen sie
4. frau: in dieser art
3. frau: zum ausdruck bringen?
2. frau: wir wollen nicht

1. frau: wir brennen
2. frau: und frieren
3. frau: tun sie es für uns!
4. frau: erklären sie
3. frau: was sie meinen!
1. frau: wir meinen nichts
2. frau: man kann es nicht erklären
1. frau: wir brennen
2. frau: und frieren
3. frau: brennen wir?
4. frau: frieren wir?
1. frau: das wissen wir nicht
2. frau: frieren sie?
1. frau: brennen sie?
4. frau: das wissen wir nicht
3. frau: wie ist brennen?
1. frau: brennen
4. frau: wie ist frieren?
2. frau: frieren
4. frau: so werden wir nie wissen
3. frau: wie man brennt?
4. frau: wie man friert?
3. frau: ob man brennt?
4. frau: ob man friert?
2. frau: das ist möglich
3. frau: wir werden es wissen!
1. frau: das ist möglich
2. frau: vielleicht werden sie brennen
1. frau: vielleicht werden sie frieren
2. frau: oder auch nicht
4. frau: aber wie werden wir wissen?
3. frau: ob wir brennen?
4. frau: oder frieren?
2. frau: sie werden nicht wissen
1. frau: sie werden brennen
2. frau: sie werden frieren
1. frau: wenn sie brennen
2. frau: falls sie frieren
4. frau: aber wozu
3. frau: hofft man?
1. frau: um nicht zu verbrennen
2. frau: um nicht zu erfrieren
3. frau: sie brennen um nicht zu verbrennen?
4. frau: und frieren um nicht zu erfrieren?

2. frau: ja
1. frau: so ungefähr
2. frau: könnte es sein
1. frau: aber es kommt nicht darauf an
2. frau: und ist ohne bedeutung
1. frau: wir brennen einfach
2. frau: wir frieren einfach
4. frau: wie?
3. frau: einfach so?
1. frau: ja
2. frau: ungefähr
1. frau: einfach so
2. frau: könnte es sein

(1961)

bräutigall & anonymphe

text zu einem singspiel

figuren: der matrose BRÄUTIGALL singt.
die REFLEXION DES matrosen BRÄUTIGALL tanzt.
ANONYMPHE singt.
die REFLEXION DER ANONYMPHE tanzt.
die SCHIFFSIRENE singt.

die szene ist ein bett am meer.

der BRÄUTIGALL, ermattet von heftiger liebe und dabei, sich die hosen raufzuziehen, räsoniert folgendermassen:

ach was bin ich hosenträge!
halbtotsicher mich bewege!
freispruchbänder mich umflittern!
tränengaslaternen trauringsum verzittern!
triebfederleichte treibhausfrauen schwenken
hirnverbranntwein auf die treubruchstellen!
taufscheintote bisamrattern mit gelenken,
füllhornkämmern ihre lebensdauerwellen!

ANONYMPHE, aus dem laufschritt der zeit geglitten, und also hinter dem bräutigall noch auf dem bett sitzend, begehrt in ganzem unverstand der männlichen psyche:

o garne mich!

der BRÄUTIGALL, während er mit taten in jacke und zukunft fährt, bleibt in gedanken weitaus hinten:

eine reihe von trunkenbildern
sass mit tintenfasstauben auf bergspiralen,
trommelhüte hingen unter mittelohrenhöhlen-
qualen
vom luftschlüsselbund der wortshausschilder!
eingepuppt in meeresspiegelglas
knallten seemannbare bräutigallen
in dieses seeschlachthaus mal ozeanderswo!
in diesen zustandort der falterqualen!
aus den windhosentaschen unsrer fleissbänder!
wir!
abgeblondet und speiserostig!
angeklugt und ausgeklappert!
zu made um aufzuschweigen!

die ANONYMPHE beschliesst, den liebsten nimmermehr loszulassen und umarmt den bräutigall von hinten:

seime bräutigall!
schäume!

der BRÄUTIGALL stürzt tiefer in die bildverzierten gänge der gedankenhöhle. die lippen auf seinem körper klappern mechanisch das morsealphabet der sprache:

auf die allheilmatte deiner liebe
warfst du hufschlagfertig mich!
fingerhutfedern über klarhaut treibend,
flammte taktstocksteif flachzungen strich!

ANONYMPHE stützt die erinnerung des bräutigall in vergeblicher hoffnung:

messerplatt,
ein abschild deiner selbst,
lagst du quem am barfussboden . . .

jedoch, die argumentation des BRÄUTIGALL beweist geringe herzensneigung und gefühl:

aufschwiegst du
in angestockte totgeburtenstille,
angemessert im adressbauch . . .

der rohen ausdrucksweise nicht achtend und in äusserstem gutwillen gefangen, folgt die ANONYMPHE ihrer empfindung:

im geburtenzifferblatt getroffen,
sterngesund unterm stimmbaum,
kolossgelöst und gottheiter,
lichtscheinbar und
bierfüssig und
im gleichmuss der bewogung
– mit leuchtkiefer und glasscheide! –
glühlachte
ich!
die anonymphe
mit dem sanfthut!

der matrose BRÄUTIGALL befreit sich aus den saugnapfbewehrten armen der elenden anonymphe:

lagst du
anonymphe
knapphaut
geladen mit archipelzen
versargt in trinksal,
war ich bajonett zu dir!
schlachtenhöflich klebt jetzt löschblut an den freistosstangen!
trostfreie stahlhalme im türgeflügel!
das trauerfallbeil zischte in die panzerwangen,
freudenfestgefahren im gliederkettenhügel!

unbeirrt weist BRÄUTIGALL einen angriff der noch immer zärtlichen anonymphe auf seinen körper und gemüt von sich und setzt fort:

allzuletzt platzt die hirnscholle
vom gebeinerlei des alpha-bettels!
weg vom augenleder mit der trübsalbe!
fault anheim sonst anonymphe.

in herzbrechender geste spreitet nun anonymphe ihr geärm nach bräutigall, welche attacke auf sein gemüt BRÄUTIGALL mit folgender replik pariert:

willst du sternwarten?
auf einen seeschlächter?
den die ozeangel
von den fleischwogen reisst?

in jähe erkenntnis gestürzt, klagt ANONYMPHE:

o mein nervenschoss federleuchtet!
und mein jähmund noch in flaum steht!
aus der schrothaut meiner windfangarme
aus dem lichtschaltertum ins schaufinster
der sternweichen
augensternzeichen
der vielleichttürme
und wirbelanstürme!
wieder einmal!
wenns zu end-lich geht,
klirrt aus dem funkelgerät
das überdrüssignal.

die SCHIFFSIRENE tritt auf, nach bräutigall rufend:

nimm das abscheit und kippe!
auf meinem abtrittfesten hinterrücken
in den mastkorbstuhl!

die ANONYMPHE setzt dem bräutigall mit süssen worten zu:

lass doch das ankerkettenhemd einfach tisch-
platt!
mach deine seehand bei mir achselhohl!
du solltest ebenbei anscheinbar nachtgeben!
aus der geschwindmühle ins überflussbett!
bleibe bräutigall!
leibe!

rohmütig weist der matrose BRÄUTIGALL mit seinem ringverzierten finger gegen die stirn und anonymphen in die schranken ihrer landschaft, die nur aus lehm und bäumen besteht. welch armseliges gegenstück zur tosenden see mit ihren versilberten wogenkämmen, dem element des bräutigall:

dein ohrenschmalztopf ist verschlosstürt!
nur scheingetreten bin ich hier!

aufplatzt schiffsirenenklangkörper,
fliegen die bräutigallen gleit!

bezwungen von trübsal und raserei reisst ANONYMPHE an bräutigalls wolkenblauer jacke:

nur scheingetreten bist du hier?
reizkostet schiffskörperfülle dein flügelhirn?
ich will dich fingernageln!
bräutigall!

ungeduldig und wieder ertönt die SCHIFFSIRENE nach bräutigall, anonymphen von seiner kristallblauen jacke reissend:

haltlosreiss dich aus erdschwall!
schrank empor dich aus schlammhaar!

die wehmut der anonymphe erheitert das rohe gemüt des BRÄUTIGALL:

seesternklar ist anonymphe
schwachsam hingeklatscht auf lippenstufe!
unglückstrahlend im verlustgewinn
wär ich sündenblock im schafrock!
kleinhals wetzt nicht aus im kinderstaube
anonymphe die schiffscharten!

die SCHIFFSIRENE zeigt anonymphen in einem verächtlichen lichte, während bräutigall feig zur seite tritt:

nebenhornkämme scheiteln aufenthaltlos
der anonymphe wankelmutterschoss!
schornsteinschleudern schnellen rauchfahnen-
stangen
augenhändig auf das treibstoffmuster ihrer nie-
renkappe!
aufplatzt unter panzerwangen
im hitzkopfstand
die geschlechtsaktenmappe!
der zuneigungswinkel fällt
herauseinandrerseits!
hingezingelt übern tränengasherd!
knarrt stimmig!
anonymphe!

die darsteller des bräutigall und der schiffsirene betreten jenen teil der bühne, der ein wogendes meer ist.
inmitten ihrer verlassenheit & verzweiflung räsoniert die ANONYMPHE folgendermassen:

der matrosenstrauch ist verdampft
löschblattlos in sorgenhitze!
fort entschwollen nabelschnurbart!
an dem kettenhand unruhte!
fortgeklatscht!

hat wachsinn
auf dem hinterrücken ihn des wogweisers!
trauerspielzeug!
totenbettvorleger!
wart ich hier
auf ein schnittwunder!

das schiff mit bräutigall und schiffsirene zerschmilzt in den gemalten horizont der bühne.

– ende –

(1961)

17. jänner 1962

der staatsanwalt dr. karl meyer:
ich kann verstehen, dass sie ihrem geschiedenen mann eine brücke bauen wollen.

frau illic weint.

walter illic, wiener polizist, 38, schweigt.

kongolesische soldaten massakrieren 18 missionare.
die ordensbrüder der ermordeten flüchten und erzählen die geschichte weiter. ein zeitungsverkäufer ruft die nachricht aus.

stimme aus dem lautsprecher:
telka spezialhaus für teppiche vorhänge linoleum plastik

frau illic: walter muss dem mädchen hörig gewesen sein. ich musste schliesslich einsehen, dass er dieses mädchen sehr lieb hat und mit ihm eine neue existenz aufbauen wollte.
frau illic wird unterbrochen.

emilio schuberth tritt auf.
emilio schuberth:
die mäntel sind um 3 cm länger als die kleider.

frau illic:
da verzichte ich.

im hintergrund versinken 3 schiffe in den ärmelkanal.
dazu ertrinken 26 seeleute.

die nationalfussballer des wiener fussball-vereines austria treten im smoking auf. die nationalfussballer der wiener austria lächeln.
chor der nationalfussballer der wiener austria:
über die wiener austria ist ein buch erschienen. ein buch mit vielen bildern, ein buch, das eigentlich jeder in seinem bücherschrank stehen haben müsste.
die nationalspieler der wiener austria werden aus anlass der herausgabe dieses buches nun am kommenden samstag beim bücher-herzog in der mariahilferstrasse autogramme geben.

lautsprecher: schachinger ist – nicht schachinger!

schachinger tritt auf
schachinger: ich möchte vorausschicken, dass ich mit diesem herrn weder verwandt noch identisch bin, ihn nicht einmal persönlich kenne.

fricsay wird auf der bühne operiert.

herr besler, ein schilehrer tritt auf und sagt kein wort, dass oben im berg ein totes mädchen liegt. die gendarmerie tritt auf und verhaftet besler wegen fahrlässigkeit.
niemand versteht den zusammenhang, da besler wortlos verhaftet wurde.

auftritt der wagner-saal in dem getwistet wird.
dazu der lautsprecher:
bisher schritt das staatsoberhaupt durch den funkelnden saal, während die hymne erklang. donnerstag wird eine »ausseer fanfare« nach motiven von wilhelm kienzl erklingen. erst wenn dr. schärf das podium erreicht hat, intonieren die philharmoniker die hymne.

die philharmoniker treten auf und intonieren die hymne.

staatsanwalt dr. karl meyer:
frau zeugin, sie müssen die wahrheit sagen. im scheidungsverfahren sprachen sie davon, ihr gatte hätte mehrere frauenbekanntschaften . . .

lautsprecher:
die bombe aus frankreich eingetroffen!

schillling 39 900
simca 1000
autohaus und fahrschule schwedenplatz

ein erdbeben aus peru tritt am rande auf.

frau illic:
das stimmt schon. aber vielleicht habe ich manches viel ärger gesehen, als es in der wirklichkeit war. ich war ja sehr eifersüchtig.

die wirklichkeit macht sich breit und drängt den wiederhergestellten ferenc fricsay vom dirigentenpult.

die anzahl der toten peruaner tritt als ziffer in der projektion auf. (ca. 4000) im publikum werden bardamen für ein nachtcafé gesucht.

auf der bühne entsteht folgende rechnung:

```
  39 900
– 4 000
  35 900
+ 1 000
  36 900
          ?% zinsen.
```

die berufsfeuerwehr der stadt wien tritt auf und legt wert auf die feststellung, dass die niederkämpfung des brandes am 2. jänner 1962 im tankhafen lobau zu einem teil der berufsfeuerwehr zu verdanken sei. die berufsfeuerwehr der stadt wien fährt mit einem einsatzwagen über die bühne und verschwindet in den kulissen.

die wirklichkeit bläht sich weiter auf und zerplatzt.

lautsprecher:
der frühling findet im saale statt!
jedes mauerblümchen kann selbstversorgerin spielen und sich trösten: für schilling 10 gibt es im reichhaltigen blumenbasar prachtstökke zum nachhausenehmen.

das sozialministerium tritt auf.
das sozialministerium: ich will ein eigenes gesetz schaffen, um geistig oder körperlich behinderten eine existenz zu sichern. geplant ist unterstützung und hilfe bei der berufseingliederung, geschützte arbeit oder ein garantiertes mindesteinkommen der geistig oder körperlich behinderten.

schwachsinnige österreicher treten auf.

herr telemax tritt auf und meint folgendes:
francis durbridge ist ausser der braunschen röhre das grösste phänomen, das uns der drang nach mehr sehen beschieden hat!

hier schaltet sich der verteidiger dr. gaigg ein.
dr. gaigg:
ich glaube eher, das war ergreifend und nicht gespielt.
während frau illic weint,
erscheint der illuminierte stefansturm arm in arm mit der läutenden pummerin.
(1962)

ein anderes abenteuer des lion von belfort ohne sich in den vordergrund drängen zu wollen

vers: wer einmal stiehlt, dem glaubt man nicht
und wenn er auch bis an sein lebensende
vierblätterigen klee scheitelt

»perlen und perlenfassen« sprach der alte general und sein adjutant wars zufrieden
sie blickten voller wehmut in die sterbende abendsonne und ihre herzen schwammen auf der melancholie des heldentums

general: »niemand wird uns verstehen«
adjutant: »niemand kann uns verstehen«
da weinten beide
adjutant: »wir sind lieblos
ihr seid lieblos«
duett: »sie sind lieblos
du bist lieblos«
adjutant: »ich bin lieblos«
general: »wie wahr«
adjutant: »und wahr«
1. kurier: »die schlacht ist verloren«
general zum adjutanten:
»wir gehen nach hause«
2. kurier: »der feind, der feind
der böse feind
hat sich zu einem ding vereint
uns in sein herz geschlossen
die kleinen und die grossen«
adjutant oder general:
»dann bleiben wir hier«
general: »dann harren wir aus«
adjutant oder general:
»am gescheitelten haar
erkennt man den weltmann«

ps.: der letzte satz kann nach reiflicher überlegung, jedoch nur unter besonderen umständen, weggelassen werden

der löwe zu belfort
(bruchstücke)

1. szene

flavius
gaius
tiberius, matrosen, lehnen mit langen stangen an der kaimauer, blicken ins publikum wie in ein meer. beginnender winter. kein schnee.

flavius: der mond zerspringt ins letzte viertel.
gaius: wie glas.
tiberius: von den vögeln des winters in den frost geschnitten.
flavius (zieht ein messer): mit diesem messer.
gaius: in den dunklen schnee.
apollyon tritt auf: he stundentotschläger.
gaius: was kümmert's dich?
apollyon: ich suche mörder mit guter figur.
gaius: wir werfen dich gerne ins meer.
apollyon: couches! wann fährt euer schiff?
tiberius: morgen.
apollyon: das wird eine lange reise.
tiberius: das wird ein guter fang.
gaius: es ist ein gutes jahr.
flavius: wir werden die segel mit wind füllen. zwei brennende klingen zerteilen die nacht.
apollyon: das wird ein langer winter, was macht ihr da?
gaius: wir stossen die leichen vom ufer. sonst treiben sie an und stinken.
apollyon: kein schöner beruf.
tiberius: heute ist lang.
gaius: wenn du keine lust hast mitzuschwimmen dann schenk uns was. dein edles herz hängt aus dem anzug. schenk uns was freund. (er stösst mit seinem holz nach apollyon der geschickt ausweicht)
apollyon: mein herr sucht diener.
gaius: was zahlt er?
apollyon: genug.
gaius: wer hat lust zu arbeiten?
flavius, tiberius: niemand.
gaius (blickt ironisch zu apollyon): so ist es.
apollyon: wer spricht von arbeit?
gaius (steht auf): ihr angebot ehrt uns. bitte nehmen sie platz.
apollyon (spielt mit seinem stock): danke. (bleibt stehen, geht auf und

ab. die matrosen stochern unverändert mit ihren stangen)
apollyon (bleibt stehen): also?
die matrosen legen ihre stangen zur seite stehen auf und folgen apollyon. alles schweigend.

●

die matrosen am kai

matrose 1 : muscheln
matrose 2 : das meer ist voll davon
matrose 3 : die fische teilen das meer mit den flossen
matrose 2 : die schiffe teilen das meer mit dem bug
matrose 1 : wann fährt unser schiff?
matrose 3 : das schiff fährt morgen
matrose 2 : das wird eine lange reise
matrose 1 : muscheln
matrose 3 : das schiff ist voll davon
matrose 2 : das schiff und das meer sind voll von muscheln
matrose 3 : die muscheln sitzen am bug des schiffes
matrose 2 : die muscheln sitzen auf den flossen der fische
matrose 1 : das wird eine lange reise
matrose 2 : die muscheln in den kiemen der fische
matrose 3 : die muscheln im kiel des schiffes
matrose 2 : die flügel der möven streifen das meer
matrose 3 : die flügel der möven voll von muscheln
matrose 2 : die muscheln am ufer
matrose 3 : die vögel wollen nicht fliegen
matrose 1 : die muscheln sind schwer
matrose 2 : die fische wollen nicht schwimmen
matrose 1 : die muscheln sind schwer
matrose 3 : die schiffe fahren nicht mehr
matrose 2 : das schiff fährt morgen
matrose 1 : das wird eine lange reise
matrose 2 : es wird ein guter fang
matrose 3 : es ist ein gutes jahr
matrose 1 : ein muscheljahr
matrose 2 : wir werden die netze mit muscheln füllen
matrose 3 : wir werden die segel mit wind füllen
matrose 1 : aber der anker ist schwer
matrose 2 : der anker ist schwer von muscheln
matrose 3 : ein muscheljahr
matrose 1 : das wird eine lange reise
matrose 3 : die fische werden zu den muscheln führen
matrose 2 : die möven werden uns zu den muscheln führen

matrose 1 : das wird ein guter fang
matrose 3 : das wird ein langes jahr
ein fischer kommt:
fische
matrose 1 : das meer ist voll davon
fischer : es war ein guter fang
matrose 2 : es war ein gutes jahr
matrose 3 : es war ein fischjahr
fischer : nehmt diesen
matrose 2 : ein schwerer fisch
matrose 1 : schwer von muscheln?
fischer : muscheln?
matrose 3 : das meer ist voll davon
matrose 2 : die muscheln sitzen in den kiemen der fische
matrose 1 : sie sitzen am bug der schiffe
matrose 3 : sie sitzen schwer an den flügeln der möven
fischer : hier gibt es keine muscheln

●

almadeno, matrose
palmiro, matrose
lion de belfort in seiner rolle als capitän und meerfahrer
der herr mit der brille
daphne
phoebe
torsilla
steuermann

der lion auf der kommandobrücke: heda aufgewacht schlafpelze faulkappen an die meerstecher zu den feldrohren. steuermann das opernglas aber das blaue so das meer mein gemüt erhebe zu den albatrossen zu den wegschildern die nach dem pole weisen.
der steuermann lässt das rad fahren das sich mit grosser geschwindigkeit herumdreht und herumdreht. er bringt das opernglas und salutiert, der lion greift nach der messingglocke und schellt sie worauf der steuermann in der versenkung verschwindet.
almadeno auf dem deck dreht an der ankerwinde und bleibt stehen. er wendet sich zum lion und meldet: herr wir verlieren den kurs.
der lion blickt durch sein opernglas noch immer ins publikum: als abendbrot gibts abendrot mit gischtzucker.
almadeno (schweigt)
lion: als nachtisch eine brise nordwind.
almadeno: herr es ist 15 jahre später.
lion: wie?

almadeno: ich spreche.
lion: geh an deine arbeit.
palmiro im mastkorb: albatrosse, vier regimenter herr. sie halten auf uns.
lion: kurs nordost, an die kanonen, werft den lästigen sextanten ins meer. wir wollen eine heillose verwirrung in szene setzen. gebt ihnen die halbe seite. auf!
die matrosen schiessen mit alten gewehren in die luft. der löwe feuert sein pistolet ab.
es wird dunkel blitz und donner fahren über den hintergrund der bühne.
lion: lasset uns den feind aufs haupt schlagen.
blitz und donner. die alte schiffskanone fährt zurück.
es wird hell und viele farbige riesenschmetterlinge landen auf deck.
lion: ins geschirr damit, in die zügel.
die schmetterlinge entfernen sich flügelschlagend.
lion: DAS war eine schlacht!
matrose: wir haben den kurs VERLOREN.
lion: SIEG! wir haben GESIEGT!!
matrose klettert über seil auf eine rahe.
der herr mit der brille kommt über das fallreep an deck im hintergrund: wann fährt der zug nach krakau?
lion: wie?
der herr mit der brille formt seine hände zum schalltrichter und brüllt: nach krakau!!
lion: WIR erobern den nordpol!
der herr mit der brille: verzeihung nur über meine leiche.
lion: wie?
der herr mit der brille: ich bin der ERFINDER des nordpols und fast dort erfroren, ich will jetzt sofort nach krakau. und zwar sofort. herr stationsvorstand, auf welchem geleise kommt der zug nach krakau?
lion: almadeno!
almadeno öffnet eine luke und kletter an deck: ja herr!
lion: er will nach krakau!
almadeno zum herrn mit der brille: der zug hat 900 tonnen, grad, klafter, kilo verspätung.
der herr mit der brille: das macht nichts!
lion: verrat!
almadeno: spion! (geflüstert) ein spion.
aus der luke klettern sechs matrosen mit gewehren über der schulter die aufstellung nehmen.
almadeno stellt den herrn mit der brille in die mitte der bühne dann geht er zu den matrosen hebt den arm und dirigiert: feuer.
der herr mit der brille sinkt getroffen zu boden.

die fahne wird abgeseilt und der herr in einen sack gesteckt dieser auf ein brett gelegt mit der fahne zugedeckt eine schwarze schleife kommt drum herum. die matrosen nehmen aufstellung und ziehen die mützen vom kopf. der lion kommt von der kommandobrücke. die melodie vom guten kameraden klingt auf. die matrosen heben das brett an und der eingewickelte herr rutscht ins meer.

●

ein schnelldampfer bricht entzwei. die rettungsboote versinken mit den passagieren im sog des versinkenden schnelldampfers. boris und oktavian retten sich schwimmend auf die insel. sie bleiben erschöpft und reglos im sande liegen

boris: du

oktavian: ja

sie erheben sich mühsam, setzen sich nieder und sehen einander auf die köpfe

oktavian: das ist eine schöne bescherung

boris: früher habe ich diese situation herbeigesehnt, aber ich muss gestehen, dass ich mich jetzt nicht sehr wohl fühle

oktavian: ich auch

boris: du auch?

oktavian: ja in der schule und früher

boris: ich habe noch gestern gehofft. dass ich es nicht geglaubt habe, versteht sich von selbst

oktavian: du bist ein idiot. hast du zigaretten?

boris zieht eine völlig durchnässte packung aus der tasche. sie tragen nur hemden und hosen. sie haben keine schuhe

oktavian: die sind ja ganz nass

boris: sollen sie trocken sein?

oktavian: das fängt ja gut an

boris: ist das eine insel oder eine küste?

oktavian: woher soll ich das wissen

boris: na ja

pause

boris: wir sollten weiter gehen, vielleicht finden wir irgendjemand

oktavian: warum soll hier jemand wohnen?

boris: du bist ein schwein

oktavian: und wenn hier jemand haust, wer sagt dir, dass er von unserem unerwarteten besuch erfreut ist?

boris: du bist verrückt. in diesem fall ist die hilfe doch selbstverständlich.

oktavian: glaubst du

pause

oktavian: vielleicht bringen sie uns um

pause

oktavian: ich bin müde. bleiben wir hier

ein zweig bricht. die beiden drehen sich nach dem geräusch und wagen keine bewegung mehr

pause

boris: was kann das sein?

oktavian: (leise, mit hoffnung, die von einer deutlichen beunruhigung eingekreist ist) vielleicht etwas essbares

die negerin tritt auf

der mann im mond

zwei standbilder zu beginn einer treppe, deren ende nicht sichtbar ist.
der zeichenlehrer.
1 junges mädchen.

zwei standbilder: georg und friedrich (das zweite standbild).
georg und friedrich essen.
georg: ich esse gern ein wenig fett.
friedrich hört nicht hin: sehr zart.
georg: reichen sie mir den senf.
friedrich reicht den senf.
georg: ich danke ihnen.
georg und friedrich essen.
georg: ein wenig fett.
friedrich: sehr zartes fleisch.
georg: ich esse gern.
friedrich: das ist sehr zart.
georg und friedrich essen.
georg isst: mit einem einzigen schlag.
friedrich: ich weiss. wünschen sie senf?
georg: vielen dank. nein.
georg und friedrich essen.
georg: ich esse.
friedrich: das zarte fleisch.
georg: ein wenig.
friedrich: das fleisch ist zart.
georg: fett esse ich gern.
friedrich: darf ich ihnen ein wenig von dieser hand anbieten?
georg: man kann nicht von allem essen.
friedrich: man kann ein wenig von allem essen.
georg: ein mann kann von allem essen.
friedrich: ein wenig kann man vor allen essen.
georg: ich esse gern reichlich und fett.
friedrich: jeder nach seiner art.
georg: jedermann wünscht nach seiner art ein wenig dank.
friedrich: ich verstehe sie sehr.
georg: sie verstanden mich immer.
friedrich: so beginnt das verständnis.
georg: so verdankt der verstand dem essen alles.
friedrich: auf seine art.
georg: ich verstehe sie mehr und mehr.
friedrich: ihr verständnis bedarf einer zarten behandlung.
georg: ich danke ihnen.

friedrich: nehmen sie doch von dieser hand. ich kann nicht alles essen.
georg: wir wollen teilen.
georg reisst eine hand entzwei und gibt einen teil an friedrich zurück. beide nagen an den hälften und werfen sie nach einer zeit, sichtlich satt, hinter sich oder lassen sie achtlos fallen, obwohl noch viel fleisch an den knochen sitzt. die nägel der finger werden ausgespieen.
der zeichenlehrer und beate treten auf.
georg: unser zeichenlehrer ist da.
friedrich setzt den fuss auf den rest der abgenagten handhälfte des kindermädchens olga, der auf dem sockel liegt.
friedrich: wir sind bereit.
georg: hm
zeichenlehrer: a) das ist der kopf eines greises.
beate: wie schön er ist! aber er scheint mir recht schwer zu sein.
georg: harter stein. zweihundert jahre.
zeichenlehrer: nicht leicht. das gebe ich zu. b) diese faltige stirn, diese augenwinkel, die augen werden dir ziemlich zu schaffen machen.
beate: umso besser. wenn es gelingt, ist die freude umso grösser. soll ich mit dem stift zeichnen?
zeichenlehrer: nimm den harten stift.
beate setzt sich auf einen harten stein und beginnt zu zeichnen. der zeichenlehrer steht hinter ihr und sieht über ihre schulter auf die zeichnung.
zeichenlehrer: du siehst ja gar nicht auf das bild. es ist kein verhältnis in diesem gesicht.
beate: nicht wahr, die nase ist zu lang.
zeichenlehrer: nicht nur. das rechte auge ist zu weit unten. beachte doch die entfernung vom mundwinkel bis zum auge.
beate: soll ich noch einmal anfangen?
zeichenlehrer: das wäre das beste. ja.
beate reisst das oberste blatt vom block, faltet es und lässt das blatt zu boden fallen. sie zeichnet.
beate: bitte, helfen sie mir.
zeichenlehrer: c) drück nicht so sehr mit deinem stift!
beate: ich werde bald fertig sein.
zeichenlehrer: d) du bist ein kind.
der zeichenlehrer betrachtet das bild sehr genau.
georg: der wurm hat eine schöne schulter.
friedrich: was nehmen sie?
georg: sie wissen, dass ich mit einem einzigen schlag meiner rechten hand
friedrich: ich weiss das.
georg: beachten sie ihre arme.
friedrich: ganz ausgezeichnet.

zeichenlehrer: e) da gibt es noch vieles zu verbessern. f) die augen haben nicht genug leben.
georg verzieht den mund.
zeichenlehrer: g) der bart ist nicht natürlich.
beate: wie finden sie die arme?
zeichenlehrer: h) sie sind zu dick. i) auch der linke fuss ist nicht gut gemacht. das sieht ja aus, als ob er den krampf hätte. j) das ganze bein ist verzeichnet.
beate: ich möchte alles lernen!
zeichenlehrer: das kommt schon.
beate: ich möchte etwas anderes lernen.
zeichenlehrer: eins nach dem anderen. es ist genug. komm.
zeichenlehrer und beate gehen ab.
georg: ich habe ihr die brust geöffnet und mit einem messer die fleischigen teile des körpers durchschnitten.
friedrich: sie zittern!
georg steigt von der hand herunter.
georg: ach so.
friedrich: war es die köchin?
georg: nein, das kindermädchen! sie sass vor dem spiegel, so dass ich ihre hände sehen konnte.
friedrich: immer wieder die alte geschichte.
georg: der mensch muss essen.
friedrich: wie?
georg: ach so.
georg tritt wieder auf die hand und entzieht sie den blicken der zuschauer.
friedrich: heute ist?
georg: montag.
friedrich: wann hat er begonnen?
georg: heute morgen mit dem aufgang der sonne.
friedrich: und wann wird er enden?
georg: heute abend, wenn die sonne untergeht.
friedrich: die sonne geht alle tage des morgens auf und jeden abend geht sie wieder unter.
georg: das ist der tag und die nacht.
friedrich: und die mehrzahl?
georg: dienstag,
mittwoch,
donnerstag,
freitag,
samstag,
sonntag.
friedrich: und die anderen nächte?

georg: lassen sie mich zufrieden.
friedrich: das wetter ist herrlich.
georg: ja, es ist heiss geworden.
beate läuft mit einer brennenden fackel auf die bühne.
beate: olga! olga!
georg: wie! wird der garten heute illuminiert?
friedrich: solcher illuminationen gibt es 365 im jahr.
georg: abscheulich.
friedrich: armselig, in der tat.
zeichenlehrer tritt auf.
beate wendet sich an den zeichenlehrer.
beate: wo ist olga?
zeichenlehrer: mach keinen lärm.
beate: wo ist olga?
zeichenlehrer: was suchst du?
beate: ich suche olga.
zeichenlehrer: sie ist nicht im haus.
beate: wo ist sie?
zeichenlehrer, ärgerlich: ich weiss es nicht!
beate läuft mit der brennenden fackel davon.
beate: olga! olga!
zeichenlehrer: mach keinen lärm.
zeichenlehrer geht langsam ab.
georg: olga?
friedrich: sie war das kindermädchen.
beide schweigen.
friedrich: was sollen wir tun?
georg: was haben wir zu tun?
friedrich: wie sollen wir uns verhalten?
georg: es darf nicht bekannt werden.
friedrich: wie können wir es verbergen?
georg: wir müssen uns entschliessen.
friedrich: wir müssen massregeln ergreifen.
georg: eine sache, die überlegung verdient.
friedrich: ich weiss nicht.
georg: ein schwieriger fall.
friedrich: wir sind in einer grossen verlegenheit.
georg: wir müssen überlegen.
friedrich: was raten sie?
georg: was würde man in diesem falle tun?
friedrich steigt von seinem postament und flüstert georg ins ohr.
friedrich geht zurück und steigt wieder auf sein postament.
friedrich: was sagen sie dazu?
georg: halten sie es für passend?

friedrich: wenn sie es für geeignet erachten.
georg verlässt sein postament und flüstert friedrich ins ohr.
er kehrt auf sein postament zurück.
georg: das ist meine meinung!
friedrich: der vorschlag ist nicht übel.
georg: an unserer stelle.
friedrich: das war ein sehr guter einfall.
georg: das einzige.
friedrich: vielleicht ist es das beste.
georg: ich bin ihrer ansicht.
friedrich: ich gebe ihren gründen nach.
georg: wir können nichts besseres tun.
beate tritt auf. sie geht langsam aber bestimmt auf die beiden standbilder zu.
beate: wo ist gott?
georg: gestern fällte gott holz. dann band er es zusammen und trug es heimwärts. unterwegs sprach ich ihn an: »kennst du den sonntag nicht?« da entgegnete gott lachend: »was schert mich der sonntag? sonntag auf erden oder montag im himmel, das ist mir das gleiche.« »so sollst du«, gab ich zur antwort, »für immer dieses bündel holz auf deinem rücken tragen!« seit gestern steht er im mond mit diesem bündel holz auf seinem rücken und so wird er büssen bis zum ende der welt.

kasperl am elektrischen stuhl

der sprecher
weibl. zuschauer
stimme
herr weissenpeter
herr a
herr b
löwe, polizeichef
apollo, polizist
passant
kasperl
werfried, eine wache
giselher, ein reporter

der sprecher: meine sehr geehrten damen und herren
lassen sie sich das stück erklären:
im ersten abschnitt tritt man ein
setzt sich in den stuhl hinein
für den man frei und ohne gewalttat
schon im vorhinein bezahlt hat
schneuzt das aug und schärft das ohr
denn ein schauspiel steht bevor
aus dem dunkel dieses steges
(herr weissenpeter kommt zu spät)
tritt ein schauspieler des weges
und mit scharfer steiler geste
zeigt der sich aufs allerbeste
mit dem vorgeschriebnen fleiss
knallt er runter was er weiss
fasst sich kurz und beigt sich tief
knarrt sich seinen rücken schief
im ausdruck schönster höflichkeit
dem publkum zum zeitvertreib
(verbeugt sich)

weibl. zuschauer: mein herr, dieser anfang entspricht nicht den anforderungen des moderenen dramas und ist abgeschmackt. fragen sie herrn weissenpeter, der hinter mir sitzt und der arbiter sowohl comoediae als auch tragoediae, damit sie keine möglichkeit sich auszureden, diese witze sind uns genugsam, wie frau espenlaub zu sagen pflegt und schreibt, sie sitzt da vor mir und ist vielleicht noch gebildeter als doktor weissenpeter, wenn das überhaupt möglich wäre und das will etwas heissen, mein herr dahergelaufen und maulvoll, damit sie wissen, merken sie auf und reden sie, wenn sie gefragt werden und wenn sie keine ahnung haben, wo gott wohnt, dann frage ich mich überhaupt, man merkt ja zum glück, wenn das metaphorische so schwachsinnig gehandhabt, vergessen macht, wie sie, ja sie, wer sonst, mit der transzendenz in neglectio schindluder triebe, wenn man heute, wo, was sage ich, heute, in dieser unserer zeit, eine solche sprache führen würde, da wär man im nu, im hui draussen, und was würden sie, ja, ha, ich frage sie, ja sie, was würde man, und sich totlachen, dass wir, die wir, und warum, eines nichts halber, für nichts würde man sich die hände reiben und uns zu ersetzen, die wir unersetzlich, mit ignoranten, nichtswissern ihres kalibers, die wir das abendland in die bresche, in den zügeln halten, jawohl müssen, sie nichtsnutz, sie, was wissen sie denn überhaupt, als ihr vater sich unverantwortlicherweise, na ja, aber was geht das sie an, und für solche existenzen, ja, daran krankt ja das jawohl ganze, und sie haben die frechheit, sage ich, unverschämtheit, mit kecker überheblichkeit die antwort schuldig zu bleiben, aus mangel an, sich in jawohl esoterisches schweigen markierend, bleiben sie die information schuldig, mein herr, von der aussage ganz zu schweigen, zu hüllen, sie niemand, sie stinktier, sie anfänger, dilettant, arbeitsscheues element, nicht einmal imstande, und dazu will ich sie bestimmt nicht zählen, nein von mir nicht, und wenn sie krepieren, sie stierer kerl, sie habenichts,

und jetzt fangen sie endlich an und zeigen sie, was sie können!

sprecher verbeugt sich, vorhang zu.

stimme: ja, der schulberg. wenn wir den nicht hätten und sein gesundes urteil!

herr weissenpeter zum weibl. zuschauer: gnädige frau!
(küsst ihr schmatzend die hand)

2 herren mit opernglas besetzen eine loge auf der bühne und schauen ins publikum.

herr a: heute soll ein sehr schönes stück aufgeführt werden.

herr b: wie heisst es denn?

a: was weiss ich. irgendjemand wird hingerichtet.

b: es wurde ins französische übersetzt, hört man.

a: das glaube ich nicht. das ist bestimmt nicht wahr.

b: ist das die erste vorstellung?

a: nein, es ist schon 2 mal gespielt worden.

b: wie ist es bei der ersten vorstellung aufgenommen worden?

a: mit allgemeinem beifall. ich habe es gestern gesehen.

b: wo wollen wir uns hinsetzen?

a: am besten wir bleiben hier. ich habe diese loge zu meiner verfügung.

b: meinetwegen. ich ginge aber lieber ins parterre.
potz! da ist alles voll. es sind erstaunlich viele menschen hier.
welches getöse!

a: ja, besonders in den letzten reihen.
was sagen sie zu der bühne?

b: sie scheint mir in anderen theatern grösser zu sein.

a: aber es ist gemütlich, nicht wahr?
b: da haben sie recht.
a: nie habe ich das haus so voll gesehen!
b: es sind sehr viele menschen darin.
a: welch ein herrlicher anblick!
b (zeigt): diese dame ist sehr schön gekleidet!
a: sehen sie dort?
b: wo?
a: dort drüben, links!
b: wie schön! sie sieht aus wie ein engel.
a: sie ist gut gebaut.
b: kennen sie die?
a: ich habe die ehre.
b: sie ist ausgezeichnet!
(schaut durchs glas)
diese zähne!
man sieht es an den augen, dass sie viel verstand haben muss.
a: die schönheit kann man wohl sehen, aber den verstand nicht.
b: wir wollen zuhören.
(wendet sein ohr halb dem publikum zu)
a: die dekorationen sind herrlich.
beide blicken in den saal.
b: das theater hat gute schauspieler.
a nickt. eine leichte befangenheit hat ihn befallen, wie das an kultstätten möglich ist.
b (hebt das kinn): die kleine spielt *sehr* gut.
a: ein herrliches wesen!
b (gedämpft): es heisst, sie verheirate sich mit weissenpeter.
a: der alte gefällt mir.
b: ja, er spielt ganz natürlich.
a: er soll der bruder eines höheren polizeibeamten sein.
b: sonst könnte er sich ja nicht halten.
a: sie meinen?
b: haben sie eine andere erklärung?
a: er ist unnachahmlich.
b (begeistert): der kerl spielt einzig.
a: was halten sie von schulberg?
b: wo?
a: dort. kommen sie hierher, jetzt versteckt er sich, aber von da können sie ihn gut beobachten.
b: der ist auch da?
a: sein spiel gefällt mir sehr.
b: sie haben recht, die natur hat ihn mit grossen gaben ausgestattet.
a: diese bühne kann sich rühmen.

b: ja, und man hat mich versichert, sie dürfe sich kühn mit den ensembles in europa messen.
a: verzeihung, wer ist die da, die soeben von der toilette kam?
b: das ist die espenlaub.
a: die scheint noch sehr jung zu sein.
b: wissen sie denn nicht, dass die damen im theater sich eines ewigen frühlings zu erfreuen haben?
a: wie recht sie haben.
b: das stück ist aus.
sie erheben sich.
b: die neuen schauspieler gefallen mir sehr.
a: ja, ihr spiel ist edel und natürlich.
und wie gefällt ihnen das stück?
b: ich sage, es ist eines der besseren, und deren gibt es wenige. aber endlich fügen sich ja auch unsere bühnen dem guten geschmacke und gott sei dank dürfen wir hoffen, dass all die unsinnigen sogenannten berühmten stücke ganz von der bühne verbannt werden.
a: wir sollen uns erfrischen; ich habe hier viel angst ausgestanden.
beide ab.
herr weissenpeter: man könnte in der luft zerspringen. manchmal frage ich mich, wer ich bin.
stimme: anfangen!
a und b treten wieder auf, nehmen platz in der loge, rücken zum publikum.
b: was sagen sie dazu? das stück fängt ja erst an!
a: da bin ich gestern zu früh weggegangen.
b: was meinen sie, darf man auf eine handlung hoffen?
a: ich habe keine ahnung, aber ich glaube kaum. angeblich werden mehrere herren bemüht sein, sich einander verständlich zu machen.
b: das ist ja entsetzlich!
der vorhang geht auf.
löwe: ihr armseligen menschen, ihr sterblichen besitzer des erdbodens, der tiefsee und des himmelszeltes, ich bin es: der löwe von überall, herrscher über sieben weltmeere und ebensoviel erde, nachkomme des maldoror, sohn des melmoth, sohn des hugo schenk, bastard seiner majestät des kaisers maximilian von österreich und tirol, sohn des heliogabal, sohn des astaroth, sohn des hephaistos mit einem nilpferd, abonnent von tageszeitungen und lesezirkeln, ich bin das übel, der omnipotente fürst des erdballs, ich bin der falsche schatten im finsteren haustor, ich bin die kalte hand im kleiderkasten, nummer neunundneunzig im kleinen lotto, der blutfleck auf der autobahn, chef der polizei in 27 kulturstaaten.

reichtum und macht, wollust und ehre teil ich aus nach meinem belieben unter meine ergebenen diener.

der polizist apollo (mit blutigem knüppel tritt auf): ha, da freut sich mein unerschrockener heldenmut, das ist mir augensalbe, wenn ich in menschenblut kann meine augen weiden. das donnern der kommandos, das krachen der schädeldecken. das schwirren der gummiknüppel, ein kugelregen aus staatlichen pistolen ist meinen ohren noch alleweil die angenehmste musik. wenn die öffentlichen parkanlagen von toten leichen überstreut und berge von demonstranten aufgehäuft sind, fährt mir die freudenlust durch die finsteren züge. wenn ich den stumpfen knüttel mit menschenfett und knochenmark verklebt seh, das gibt eine herzkühlende lust meinem gemüte. dampf fährt aus meiner nase und feuerflammen aus meinem maul, dadurch ganze stadtteile und länder in rauch aufgehen. dir dank, o chef, der du das recht mit dem metermass deiner gnade ausmisst.

der sprecher (tritt lässig auf): das ist herr löwe, der chef, und der polizist apollo, seit 30 jahren im dienst, mitglied der partei.

apollo: i muas wem daschlogn. (er verfällt in einen tobsuchtsanfall und wirft gegenstände vom mobiliar, erschöpft bricht er zusammen. keuchend und mit geweiteten augen starrt er auf seine hand. die hand zuckt scheinbar unabhängig von apoll über die bühne, er versucht vergeblich sie festzuhalten)

der sprecher: vergeblich versucht wachtmeister apollo seine hand, treuer helfer in bitterster not, faust auf manchen bettlers scheitel, donnerkeil in das zahnfleisch argumentierender bürger, sie versucht er festzuhalten, die ihn verlassen will.

apollo (brüllt): i wü ned in die aunschdoid! (er wälzt sich. plötzlich beginnt er zu suchen, hier und dort. blickt auf den boden, löwe steht auf und folgt ihm, der sprecher winkt abwehrend ab)

löwe (gibt apollo einen fusstritt): was mochns denn do?

der sprecher: er hat die sprache verloren.

löwe: wos haast. des kenn ma scho. er wü nimma spüün. raundewu und so. fia wos griagt a zoid? wida amoi a glane obreibung gefällig. (gibt apollo einen fusstritt)

apollo richtet sich auf, versucht zu sprechen, würgt, quält sich.

löwe: ich sage nur:

satzgegenstand (gibt ihm eine ohrfeige)
und
satzaussage (gibt ihm eine ohrfeige)
hauptsatz (schlägt ihn auf die nase)
und
nebensatz (schlägt ihn auf die nase)

ich hoffe das genügt.

apollo (mit beiden handflächen abwehrend): ö, ö, ö, ö
löwe (scharf): wieviele selbstlaute?
apollo versucht es murmelnd an den fingern abzuzählen, er fängt immer wieder von neuem an. verzweifelnd den kopf schüttelnd, wenn er abbricht und wieder anfängt. er wird immer hastiger und seine finger kommen ihm mehr und mehr in die quere.
löwe (unterbricht ihn grob): das ist nicht genug.
ich habe die sprache gewonnen.
sie haben die sprache verloren.
apollo grunzt und blökt wie ein stummer, der etwas sagen will, vor sich her, in sich hinein, kauert nieder, fällt um, wälzt sich am boden, grunzend.
löwe betrachtet ihn. nach einer pause: sie sind mir noch ein gespräch schuldig.
apollo steht auf, fingert einen geldschein aus seiner tasche und gibt ihn löwe, der ihn einsteckt:
recht gern, mit vielem vergnügen.
apollo klopft seine hosen ab.
löwe schlägt apollo auf die schulter:
nur eine kleinigkeit um das gespräch zu beleben.
und worüber wollen wir sprechen?
apollo (plötzlich charmant, hände reibend): wenn es ihnen recht ist, wollen wir sprechen.
löwe: wie sie wollen.
apollo: was sie wollen.
löwe: wollen s i e sprechen?
apollo: mein herr, wir wollen gemeinsam sprechen.
löwe und apollo: über die freude.
mit vielen beispielen.
das kind ist ein spielzeug der menschen. deshalb macht der lustige vater das lustige kind. dabei weint die lustige mutter vor freude. man muss frühzeitig beginnen. auch der zwerg fängt klein an. aber ein braves kind ist nicht lustig. ein schielendes, das ist gleich viel lustiger.
da, wo gott den blick geschenkt hat, setzt die kunst die brille.
soviel über die kunst.
die hunde werden immer grösser und die zwerge immer kleiner.
der mensch ist der künstler.
löwe: wer spricht?
apollo (sehr angestrengt, die adern färben sich blaurot, es platzt hervor): sie!
löwe: das ist recht, das nenne ich sprechen.
du bist ein meister.

apollo: diesmal habe ich eine gute sprache.
(arrogant) aber s i e verstehen das sprechen n i c h t!
sehen sie mir nicht in den mund!
machen sie das maul zu!
(hebt finger) geben sie acht, was herauskommt!
(jubelnd) ich habe die sprache gewonnen!
löwe gibt ihm eine ohrfeige.
apollo (verdriesslich): ich mag nicht mehr sprechen.
löwe (gnädig): ein andermal sprechen wir länger.
apollo stürzt hinaus.
sprecher: löwe, der chef der polizei, wartet was da kommen will.
apollo tritt auf, einen passanten mit sich schleifend.
passant: und die habeas corpus akte?
apollo: des wa jo no scheener, waun ma sowos heddn!
löwe: mochn s eam featik.
apollo zieht dem passanten den knüttel über. der passant fällt um und bleibt bis zum ende des stückes liegen.
kasperl tritt auf.
apollo: wos woin denn si do?
kasperl: bidscheen i hob mei frau umbrocht.
löwe: no und?
kasperl: bittschön, ich möchte es melden.
löwe: wos woin s denn?
kasperl: ich möchte melden, bittschön, dass ich meine frau im affekt aus dem fenster geworfen habe.
apollo: no und?
kasperl: sie ist tot.
löwe: no und?
apollo: behindert die leiche den verkehr auf der strasse?
kasperl: na, die rettung woa scho do.
apollo: haben sie eine bestätigung für das ableben ihrer gattin?
kasperl: jo, der herr chefarzt von der rettung hats notiert. bitte hier.
apollo: geschieden?
kasperl: bitte nein, i woa zum eastn moi verheiratet.
apollo: trauschein.
kasperl: bitte hier.
apollo: sie geben also vor, ihre gattin in böswilliger absicht aus dem fenster geschleudert zu haben und so ihr ableben verursacht zu haben?
kasperl: jawohl.
herr a: mein gott, sieht denn der kerl net, dass er ungelegen kommen is.
herr b: auf diese art geht ja die handlung überhaupt net weiter.
herr a: es ist zum weggehen!

herr b: sie da, machen s was, dass es weitergeht. der soll verschwinden. merkt er denn net, dass er stört. die herren wollen ja weiterspielen.
sprecher: tut mir leid. aber das is ein ignorant.
herr b: no do schauma gut aus!
herr a: zum weggehn!
herr b: no gemma!
herr a: tut ma leid, i hob a freikoate.
herr b: sie auch?
apollo: oiso wo woama?
kasperl: ich hab »jawohl« gsagt.
löwe: kommens her sie lästiger kerl. da hams die formulare und füllen sies aus.
kasperl: bitte?
wea i jetzt schon hingerichtet?
apollo: was bilden sie sich eigentlich ein? wea waas, ob sie überhaupt schuldig sind. do könnt jo a jeder kommen! duat is a feda und a dintn und füns die formulare aus!
kasperl geht zum pult, bleibt stehen und macht nichts.
löwe: no wos is?
kasperl (dreht sich): bittschön, i kaun goaned schreim.
löwe: daun lossns uns in rua und gengans zaus.
herr a: mein gott, lästig können die leut sein.
apollo (langsam und drohend): sie können goaned schreim?
kasperl: bitte, nein, herr wachtmeister.
apollo (langsam und drohend): dann haben sie ja, wie ich denken muss, ja garnicht eingereicht um bewilligung zur verübung eines mordes.
kasperl: bitte, nein. ich hob ned gwusst, dass man des tun muss.
apollo (brüllt): ja, was stellen sie sich vor! wie solln denn wir dann die mörder finden!
kasperl: bitte, daran hob i goaned docht.
apollo (brüllt): sie werden im abgekürzten verfahren zu einer ordnungsstrafe in der höhe von 50 schilling wegen mutwilliger vernachlässigen der voranmeldepflicht ohne möglichkeit von rechtsmitteln verurteilt.
kasperl: bitte, hier. (reicht den geldschein)
apollo: und jetzt verschwinden s!
kasperl: oba bitte die hinrichtung!
apollo: rrrauss!!
apollo beginnt kasperl rauszudrängen.
kasperl: oba bitte!!
apollo schlägt mit knüttel auf kasperl ein, der sich verzweifelt im türrahmen festhält. kasperl entwischt und stellt sich im raum auf.

der sprecher rückt mit seinem stuhl zur seite und sieht interessiert zu.
kasperl (erschöpft): i möcht a rechtskroft!
löwe (steht hinter seinen schreibtisch auf): widersetzlichkeit gegen die amtsgewalt.
sie heissen?
kasperl: ich bin der kaschberl.
löwe: schon wieder.
wohnhaft?
kasperl: in wien.
löwe: beruf?
kasperl: wie meinen?
löwe: wie sind sie tätig? wos mochns den gaunzn tog?
kasperl: a, wos i moch? jo wos moch i denn?
löwe: das frage ich sie.
kasperl: i moch theater in den sie vuakumman.
löwe: mochns kane witz!
kasperl: es is woa! ollas wos sie sogn is von mia.
apollo: a so a frechheid!
löwe: sie sind zum tode verurteilt!
herr b: das hat er davon.
kasperl (zu b): steam muas a jeda. im oita . . ., vaschdengans? da gaukal und so . . .
apollo: bitte höfn sie uns. wia müssen den käfig auf die bühne tragn, wo er eingsperrt werden soll.
herr b: aber mit dem grössten vergnügen.
herr a: kann ich ihnen irgendwie behilflich sein?
apollo: bitte, wauns so liab sein wolln.
herr a und herr b mit apollo ab.
löwe: wos sogn sie, wie uns der kerl doagstellt hot?
sprecher: aber, ich bitt sie, das kann man doch net ernst nehmen.
ein käfig wird von apollo, herrn a und herrn b auf die bühne geschoben.
löwe (höflich): bittschön setzns ina rein.
kasperl: sin ma scho so weit?
apollo (zuvorkommend): aunfaung zweiter akt!
kasperl (zum sprecher): sogns den leutn, dass die zeit vergaungan is!
herr a (der sich die hände mit einem taschentuch reinigt): ich bitt sie, das sieht doch a blinda!
(setzt sich mit b wieder in die loge auf der bühne)
kasperl nimmt einen sessel und setzt sich in den käfig.
löwe und apollo grüssend und winkend ab.
ein wachorgan tritt auf und nimmt mit aufgepflanztem seitengewehr neben dem käfig aufstellung.
herr b: wer ist denn das?

kasperl: dos is der aufseher, der passt auf mich auf.
herr b: und was besseres is ihnen nicht eingfalln?
kasperl: ich muss zugeben, nein. aber was haben sie gegen ein wachorgan? schaut doch immer gut aus. oder? schauns, des verhindert wenigstens, dass ich in meinem käfig zum monologisieren anfaung. sowos is meistens fad! ausserdem is a mit mia ind schui gaunga und hasd friedl.
herr b: und das stück ist wirklich von ihnen?
kasperl: waun ich ihnen sog!
herr b: warum mochns denn sowas? schauns wohin das führt.
kasperl: erstens verdien ich mehr, wenn ich selber mitspiel, – was glaubens denn, was dem autor für eine aufführung geboten wird, ich sog ihnen es zoid si ned aus, vümea is es eine zumutung –, zweitens, woatens nua ab, i kumm scho wida ausse.
herr b: aber das stört doch den ablauf der handlung. es spitzt sich doch auf a justifikation zu?
kasperl: nua ka aungst, des wean ma scho mochn.
herr b: aber entschuldigen sie, das ist ein missverständnis, ich möcht jo, dass sie hingerichtet werden.
sprecher: bitte um ruhe, die vorstellung geht weiter. ein herr von der presse wird auftreten und den delinquenten befragen wollen.
herr a: von welcher zeitung?
sprecher: tut mir leid, das darf ich nicht beantworten.
reporter (tritt auf): seawus, kaschberl, i höa, du schreibst.
kasperl: jo, woa is.
reporter: no siggst, weast zu uns komman.
kasperl: schau, wea no do is.
reporter (zum aufseher): seawus, werfried, wos mochst denn du do?
aufseher schweigt.
kasperl: ea deaf ned redn, ea passt auf mi auf.
reporter: no warum denn.
kasperl: damit i ned dafau renn.
reporter: geh, wärst davongrennt!
kasperl: geh, warum denn?
reporter: hätt i wos gschrim. warum bist denn do?
kasperl: i hob mei frau umbrocht.
reporter: no geh, wos du soggst. wie gehts ihr denn?
kasperl: tot is!
reporter: a jo, desweng komm i zu dir. geh erzö ma wos. kaun i wos schreim.
kasperl: giselher, die leut hean uns zua.
reporter: no und?
kasperl: schaut des ned gspassig aus, waunsd mei freind bisd?

reporter: oba geh, ma muss sis mit olle gutstehn, sunst afoat ma jo nix.
kasperl: sei gescheit, host nua schererein. die leit vastengan des ned.
reporter (geht zur tür zurück): ich wünsche ihnen alles mögliche glück.
es freut mich unendlich, sie zu sehen.,
ich wünsche ihnen alles, was ich mir selbst wünsche.
kasperl: seien sie willkommen.
reporter: guten morgen.
kasperl: es freut mich sie zu sehen.
was führt sie zu mir?
womit kann ich dienen?
wie geht's?
reporter: ihnen aufzuwarten, sehr wohl.
kasperl: und wie geht es?
reporter: mit ihrer erlaubnis, ich befinde mich wohl.
kasperl: und wie geht es ihnen.
reporter: es geht.
kasperl: es freut mich, sie wohl zu sehen.
reporter: ich danke ihnen sehr, ich bin ihnen sehr verbunden.
sie sind zu gütig.
kasperl: ich bin ihr diener, ich stehe zur verfügung. verfügen sie über mich.
reporter: sie erweisen mir zuviel ehre.
kasperl: beehren sie mich mit ihren wünschen, sie haben nur zu befehlen, ich stehe ganz zu befehl, befehlen sie nur frei und ohne scheu, machen sie keine umstände.
reporter: ich will ihnen keine umstände machen.
kasperl: ihnen gefällig zu sein, macht mir keine mühe, sie ehren mich mit ihren wünschen. wir wollen keine umstände machen, unter freunden macht man keine umstände.
reporter: ich will es tun, um ihnen zu gehorchen, bloss um ihnen zu gefallen.
ich verehre sie, ich schätze sie, ich liebe sie.
zählen sie auf mich.
kasperl: da haben sie recht, wir wollen gute freunde bleiben.
giselher wartet.
kasperl schweigt.
reporter: sprechen sie manchmal?
kasperl: ja, aber nie anders, als mich zu unterhalten.
reporter: sprechen sie gern?
kasperl: ich spreche nur zum zeitvertreib.
reporter: aber mich dünkt, das sprechen sei eine sehr gefährliche unterhaltung?
kasperl: das ist wahr, doch nur, wenn man zuhört.

reporter: aber sie sprechen jetzt doch, um von mir gehört zu werden!
kasperl: das ist eine lüge!
wenn ich ihnen etwas mitzuteilen hätte, würde ich es sein lassen.
es würde in den sätzen hängen bleiben.
reporter: es würde nur zu missverständnissen kommen,
kasperl: zu unstimmigkeiten führen,
reporter: zu schlägereien,
kasperl: zu streit,
reporter: ärger bereiten,
kasperl: freundschaften zerstören.
reporter: wenn man zuhört,
kasperl: weiss man nicht wie's gemeint ist.
reporter: sie könnten es nicht besser wissen,
kasperl: sie könnten lügen,
reporter: sie könnten es ehrlich meinen.
kasperl: aber wie soll das heraus?
wo soll das hinein?
reporter: da kann man nur sprechen.
kasperl: ich spreche gern.
reporter: es tönt,
kasperl: es ist laut,
reporter: man kann es hören.
kasperl: es beschäftigt die ohren,
reporter: und die zunge,
kasperl: und die lunge,
reporter: und die lippen,
kasperl: und die zähne.
man kann es zerbeissen.
reporter: man kann es zerkauen.
kasperl: man kann es schlucken
reporter: und man kann es ausspucken.
kasperl: man kann mit den stimmbändern schwingen,
reporter: man kann es regulieren,
kasperl: laut und leise,
reporter: hoch und tief,
kasperl: und vor allem, in der mitte!
reporter: ganz recht.
kasperl: man kann dabei gehen,
reporter: man kann dabei sitzen,
kasperl: man kann dabei laufen,
reporter: man kann dabei stehen,
kasperl: man kann dabei seine notdurft verrichten.
ich spreche gern.
herr a: pfui teufel!

sprecher (der fasziniert zugehört hat): die sind gleich fertig!
reporter: sprechen sie oft?
kasperl: sehr selten.
reporter: und warum?
kasperl: weil es viele betrüger gibt. man läuft da grosse gefahr, weil die wie ordentliche leut aussehen. die hören zu, die merken auf, alles nehmen sie beim wort.
reporter: das ist eine rücksichtslosigkeit.
kasperl: eine gemeinheit.
reporter: eine frechheit.
kasperl: es handelt sich um verbrecher.
reporter: nun, worüber wollen wir also sprechen?
kasperl: worüber sie wollen.
reporter: wie es ihnen recht ist.
kasperl: das sprechen ist sehr im schwange.
reporter: man kommt sich nahe,
kasperl: es distanziert,
reporter: es verhindert das schlimmste,
kasperl: es fördert alles mögliche,
reporter: es erfreut,
kasperl: es betrübt,
reporter (mit emphase): es berauscht!
kasperl (konsterniert): sie sind ja betrunken!
der reporter giselher stürzt schwankend zum schreibtisch und nimmt einen schluck wasser.
reporter (murmelt): sie sehen alt aus.
kasperl: ich bin 62 jahre.
reporter (rasend): sie sind älter als ich!
kasperl: ich bin wohlauf, das ist die hauptsache.
reporter: sind sie verheiratet?
kasperl: lassen sie das sein!
reporter: wie oft waren sie verheiratet?
kasperl: lassen sie das sein!
reporter: wie viele frauen haben sie gehabt?
kasperl: lassen sie das sein!
reporter: leben ihre eltern?
kasperl: mein vater ist tot.
meine mutter ist tot.
reporter: es sind zwei jahre, dass ich meinen vater verloren habe.
kasperl: meine mutter hat sich wieder verheiratet.
reporter: sie lügen!
kasperl: sie ist eben erst verstorben.
reporter (schüttelt ihm die hand): tut mir leid. wieviele kinder haben sie?

kasperl (zögert): ich habe – vier.
reporter: söhne oder töchter?
kasperl: ich habe einen sohn und vier töchter.
reporter (lacht): ich gratuliere!
kasperl: die karin ist jetzt zur welt gekommen!
reporter: ich gratuliere!
kasperl: ich haben einen sohn und fünf töchter.
reporter: meine gratulation!
kasperl: ich habe einen sohn und sieben töchter.
reporter: das ist arg!
kasperl: ich habe einen sohn und tausend töchter!
reporter: sie setzen mich in erstaunen!
kasperl: ich habe einen sohn und 30 millionen töchter!
reporter: kommen sie zu sich, bleiben sie ruhig!
kasperl (schreit): ich habe einen sohn und, und – und – und
reporter: ich bitte sie!
kasperl: ich gebe zu, ich bin witwer.
reporter (durch die gitterstäbe nimmt er kasperls schulter. der schüttelt sich in lautlosem geschluchze): bleiben sie stark!
kasperl (stockend): ich kann nicht lügen. meine frau hat mich verlassen.
reporter: ich bin untröstlich.
er streichelt kasperl den rücken.
kasperl (dumpf): verachten sie mich, – ich bin verlobt.
reporter schweigend und in sorge.
kasperl: glauben sie mir, ich will mich offenbaren, bis meine lage es erlaubt. ich will alles sagen, wie es war, wie es ist, wie es sein wird, wie es nicht sein wird, wie es nicht ist, wie es niemals hätte sein können, wie es nicht war, wie es sein könnte, wie es hätte sein können, wie es würde sein können.
glauben sie mir, es geht aufwärts, dem ziele zu.
auf der strasse werde ich sie ansprechen, mich niederknien, ihre knie umfassen, sie wird meine hand nehmen, mich aus dem staub heben, der ich bin, und hand in hand, arm in arm, aug in aug, zahn in zahn werden wir die treppe hinaufschreiten, mit guten manieren, dezent gekleidet, wir werden das tor öffnen, wir werden eintreten und hintreten vor die theke und zusammen ein bier trinken.
reporter: machen sie keine witze!
kasperl: ich gebe zu, sie liegt noch in den windeln, aber –
(verklärt) ich kann warten.
herr a: aber wir nicht. die zeit vergeht. es ist schon ¾ 9! (genaue uhrzeit)
reporter (zu herrn a): mein herr, die stunde ist nur ein nebenprodukt der zeit. nach 60 minuten ist sie reif und fällt von den uhren,

völlig wertlos. (zu kasperl) kommen wir zur sache, sie suchen eine frau?
kasperl (kleinlaut): ja.
giselher und kasperl blicken nachdenklich und lippenkauend vor sich hin und aufeinander. diese pause gerät etwas lang.
reporter: was haben sie gesagt?
kasperl: ich habe nichts gesagt.
reporter: sprechen sie lauter.
ich kann sie nicht hören.
kasperl (laut): hören sie mich?
reporter: machen sie keinen lärm!
kasperl: schweigen sie!
reporter: was soll der lärm!
kasperl: hören sie auf zu schreien!
reporter: man kann sein eigenes wort nicht hören!
kasperl: sie machen mich taub!
reporter: sie schreien mir den schädel ein!
kasperl: sie sind sehr lästig.
reporter (nach einer pause und sehr ruhig): sie haben diesen mord erfunden!
kasperl: wieso?
reporter: sie haben keine frau! sie hatten keine frau und ob sie eine haben werden ist die frage!
kasperl: hören sie? können sie hören? das ist meine frau.
(kasperl macht schritte, auftretend spricht er:)
das sind ihre schritte auf der treppe, im haus, über den flur, vor der tür, in meinen ohren, ist das kein beweis? sie kommt nach hause von ihren reisen aus den gebirgen, aus den städten, aus fernen ländern. (er bleibt stehen) sie steht vor der tür. gleich wird sie eintreten. sie war sehr krank.
reporter: das hat nichts zu bedeuten.
kasperl: da haben sie recht. das sagt garnichts, es ist eine kleinigkeit. nur gestern war sie etwas unpässlich.
reporter: was sie nicht sagen!
kasperl: sie hatte fieber, leibschmerzen, flecktyphus, scharlach, cholera, den keuchhusten, den gewöhnlichen husten, das gewöhnliche fieber, das komplizierte fieber, sie hatte alle übrigen krankheiten, auch war sie sehr gesund, hatte keine schlechte verdauung, migräne und die englische krankheit.
in letzter zeit litt sie an leichtem übelsein.
reporter: was wollen sie wirklich?
kasperl: schreiben sie über mich! fotografieren sie mich! bringen sie mein foto in eine illustrierte!

reporter (angeekelt): wie dick sie geworden sind!
ihr haar ist schütter.
ihre bewegungen sind langsam.
sie sehen elend aus.
sie machen einen heruntergekommenen eindruck.
sie erwecken mein mitleid.
sie dauern mich.
sie sind alt geworden.
sie haben zeit verloren.
sie haben einen freund verloren.
sie haben an geschmack verloren.
sie haben jeden halt verloren.
sie haben die mass-stäbe verloren.
sie haben die hoffnung verloren.
ihr gedächtnis ist schlecht.
sie haben mein vertrauen verloren.
sie haben sehr verloren.
(will abgehen)

kasperl: warum so in eile? können sie nicht ein wenig warten? ich zeige ihnen meine frau, das krankenlager, den arzt, das nachtgeschirr, die medikamente, die totenbahre!

reporter: sagen sie ihrer frau, wie leid mir das alles ist.

kasperl: ich werde es unfehlbar tun. sie wird sich freuen, sie wird beglückt sein, sie wird gesunden, sie wird ausser sich sein, sie wird rasen, wird mit gegenständen um sich werfen, sie wird springen, sie wird tanzen, sie wird vor freude sterben.

reporter (kommt zögernd zurück): sie hatten also eine frau?

kasperl: nein.

reporter: es ist gemein von ihnen, eine tote zu verleugnen!

kasperl: ich habe sie erfunden.

reporter: das ist gleich. waren sie nicht glücklich, von ihr sprechen zu dürfen, sie herauszustreichen?
(eindringlich) haben sie nicht behauptet, sie sei präsident der vereinigten staaten?

kasperl: aber ich bitte sie!

reporter: haben sie nicht behauptet, sie habe vier arme und sechs beine?

kasperl: aber ich bitte sie!

reporter: haben sie nicht behauptet, sie sei unsterblich?

kasperl: aber ich bitte sie!

reporter: haben sie nicht behauptet, sie besitze einen akademischen grad?

kasperl: aber ich bitte sie!

reporter: haben sie nicht behauptet, sie sei naschhaft?

kasperl: aber ich bitte sie!
reporter: haben sie nicht behauptet, sie sei 12 meter hoch, 4 kilo schwer und aus kupfer?
kasperl: aber ich bitte sie!
reporter: haben sie nicht behauptet, sie sei tugendhaft?
kasperl: aber ich bitte sie!
reporter: haben sie nicht behauptet, sie könne lesen und schreiben?
kasperl: aber ich bitte sie!
reporter (erregt): sie haben überhaupt allerlei behauptet!
kasperl: sie sollten nicht auf mich hören.
reporter: was sagen sie da?
kasperl: das ist ohne bedeutung.
reporter: es klingt aber gut.
kasperl: ja es ist schön.
reporter: ja ganz vorzüglich.
kasperl: sagen wir, ausgezeichnet.
reporter: es wäre zu loben.
kasperl: man möchte sagen, es ist auszuhalten.
reporter (setzt sich wieder, sitzt am käfig): ja, ganz gemütlich.
kasperl: es bringt in schwung.
reporter: es macht freude.
kasperl: ich muss sie hören.
reporter: sonst müsste ich leiser sprechen.
kasperl: da müsste ich schlechter hören.
reporter: sonst müsste ich noch leiser sprechen.
kasperl: da müsste ich sie kaum hören oder meine ohren verstopfen.
(hält die hände vor die ohren)
reporter: dennoch müssten sie mich hören.
kasperl (verklärt): ich müsste sie nur sehr leise hören.
reporter: sie müssten schlafen.
kasperl: ihr gerede würde mich wecken.
reporter: sie müssten fortgehen.
kasperl: ich würde sie um die ecke treffen.
reporter: zerstören sie den gehörgang.
kasperl: ich kann mir denken, was sie sagen werden.
reporter (zieht einen dolch, mit emphase): dann müssen sie sterben!
kasperl: das werde ich unfehlbar tun.
(fällt um wie ein stock. steht wieder auf)
giselher, glaubst dafia brauch i di?
apollo (eilt auf): öha herr journalist, ned der justiz vuagreifn!
giselher (ab): seawas, kaschberl!
kasperl: seawas giselher!
apollo (gibt werfried einen tritt): woch auf, du gfrasst!
werfried (reisst sich straff): zu befehl!

herr weissenpeter: die darstellung der presse ist widernatürlich, ekelhaft, einseitig und trifft nur gewisse elemente eines boulevardblättchens, dessen namen ich nicht nennen will und dessen mitglieder ihren geschmack, wie mir bekannt, an kriminalfortsetzungsromanen der jahrhundertwende, wie »der stein des anstosses«, »pain in the ass«, »hund von baskerville« und ähnlichem bilden. ich verbitte mir das!

stimme: recht hat er! ein gscheiter mensch, der weissenpeter!

herr weissenpeter: ich verbitte mir das und weise auf meinen von subversiven elementen im letzten augenblick sabotierten –
(brüllt:) sicher waren es kommunisten!!
überall sind kommunisten!!!
ich weiss es! ich muss es wissen und ich werde bis zum letzten atemzug . . .! (bricht ab)
. . . und weise auf meinen seinerzeit verhinderten vorschlag, alle aufführungen der konzerthausgesellschaft mit dem gebet einzuleiten, und verlange, dass diesem unrat ein ende gesetzt werde!
polizei!!! ich weise auf gott!!

stimme: mit gott und weissenpeter!!

apollo stürzt spontan zornbebend mit schwirrendem knüppel auf a & b in ihrer loge. a & b schützen ihre köpfe.

apollo: olle haummas zaumm!

kasperl (aus seinem käfig): und wea schaut zua?

apollo: a jo . . .

er geht spontan besänftigt an seinen platz zurück.

apollo: ruheee!!!!

p a u s e

der sprecher: man bringt uns den elektrischen stuhl, ein in vielen ländern der erde, vielleicht auch in der unendlichen ferne des weltenraumes verwendetes hilfsmittel der gerechtigkeit, dieserorts in vergessenheit geraten, aber von breiten schichten des volkes zu gegebenem anlass immer wieder gefordert.

stimme: hii muas a sei!!

der stuhl – er ist sehr hoch – wird hereingebracht.

herr a:
herr b (fasziniert): jööö!!!!

weibl. zuschauer: halt! dieser mann gehört mir. ehe er von uns geht, soll er mein lager teilen, mein eigen sein, die wärme einer weiblichen mitfühlenden brust verspüren, getröstet sein, gefunden haben was er sucht, besitzen was er zerstört zu haben vorgibt. er ein elender, dürfen wir ihm diesen trost vorenthalten, er der die gemeinschaft, uns, missverstanden, soll kosten in ihrer kleinsten form, keimzelle jawohl familie, was die sozietas bedeutet. zu mir! in meine arme! kaspar! du! ein verlorener!

sie läuft hinaus zur bühne. kaspar klettert über die vielen stufen rettend auf den stuhl.
kasperl: los! anfangen!
apollo legt den grossen hebelschalter um.

qui & qua
schauspiel in aufzügen

arbogast: der amtmann wird an uns denken, das heisst sein rock wird an uns denken, wenn der wind durch den ärmel fährt.
claudio: du hast recht, es war zeit, ihn einmal auszulüften.
hans wurst: wir hätten seinen rock an den strick hängen können, damit wäre der reinlichkeit genug gewesen.
claudio: das war sein lieblingsrock. er wollte sich nicht davon trennen.
hans wurst: es war aber auch seine lieblingsuhr.
arbogast: ja, weil er nur diese eine hatte. der alte geizkragen.
rupert: wie er mit seinem kragen geizte.
claudio: als ob er nur den einen hätte.
arbogast: obwohl er einen kragen hatte.
hans wurst: warum habt ihr ihn aufgehängt?
arbogast: er war ein feind des königs.
hans wurst: aber es gibt keinen könig.
claudio: es wird ein neuer könig kommen.
arbogast: unser könig wird kommen.
hans wurst: ihr spielt den tollen hund.
arbogast: schweig, das verstehst du nicht. unsere feinde sind die feinde unseres königs.
hans wurst: er hat uns nichts getan.
arbogast: er hat uns nicht bewundert.
claudio: wer uns nicht bewundert, verachtet unseren könig.
arbogast: wer uns nicht bewundert, ist ein feind.
claudio: wir sind die ersten streiter des neuen königs.
hans wurst: er wusste es nicht.
claudio: das sieht man.
hans wurst: die auserwählten!
claudio: soll das lustig sein?
hans wurst: nein, das ist sehr traurig.
arbogast: lass deine witze.
hans wurst: du weissst, dass ich witzlos bin.
claudio: du bist auch auserwählt.
hans wurst: danke.
rupert: wo ist die uhr?
claudio: ich werde sie in die kassa geben. sie gehört uns allen.
arbogast: unsinn, du hast sie ihm abgenommen.
rupert: ich habe das geschäft eingeleitet.
arbogast: er braucht die uhr. er braucht sie wirklich. er hat ein bitteres los. er wird sie gegen branntwein tauschen.
rupert: wir haben ihm erst gestern den wagen gegeben.

arbogast: den braucht er. rosalia hat schwache füsse.
hans wurst: der teufel soll ihre schwachen füsse holen. wir haben einen schwachen magen.
claudio: ich werde die uhr in die kassa legen.
arbogast: unsinn, du brauchst sie. du kannst sie gegen einen goldenen degen tauschen.
hans wurst: auf unseren klingen sitzt der rost.
arbogast: taucht sie in das blut der feinde, dann geht er wieder ab.
hans wurst: du spielst den hauptmann mit grossem geschick.
arbogast: was soll das heissen?
hans wurst: dass hier niemand zu befehlen hat.
arbogast: das war ein vorschlag, kein befehl.
hans wurst: der teufel soll dich holen.
arbogast (zu claudio): komm, wir gehen, rosalia wird sich freuen.
claudio: sie wollte schon immer eine uhr haben.
rupert und hans wurst
rupert: du bist zu grad.
hans wurst: soll ich krumm sein? wir haben uns für die gradheit zusammen getan.
rupert: warum sind wir dann da?
hans wurst: aus gewohnheit.
rupert: ja, sie waren einmal aufrechte kerle.
hans wurst: ja, manchmal waren sie aufrechte kerle.
pause
rosalia tritt auf
rosalia zu hans wurst: ihr habt euch in der schenke vollgefressen. ihr fresst, und ich sitze zu hause und leide den hunger.
hans wurst: es waren meine taler.
rosalia: er hätte mir etwas mitbringen können.
hans wurst: ich habe die zeche bezahlt, so hätte ich dir etwas kaufen müssen.
rosalia: er frisst, aber er denkt nicht an meinen hunger. warum hat er mir nichts mitgebracht?
hans wurst: ich habe nicht daran gedacht. auch hatte ich kein geld mehr. aber jetzt bin ich froh, dass es mir nicht in den sinn gekommen ist, dir etwas mitzubringen.
rosalia: er frisst und ich habe hunger.
claudio und arbogast kommen zurück.
arbogast: aber rosalia, es war ja nicht so gemeint.
claudio: du hast den hahn gegessen. du hast den wein getrunken.
rosalia: ihr habt zehn hähne gefressen und zehnmal soviel wein getrunken.
claudio: soviel essen und trinken kannst du.
rosalia: ihr fresst, und ich muss hungern.

rosalia weint.
arbogast: aber rosalia, es war nicht so gemeint.
rosalia: früher fuhr ich in goldenen karossen. mein vater war ein fürst. ich war geachtet, und letzt liebe ich dich, mein claudio.
arbogast: er weiss, dass es ihn verpflichtet. du wirst wieder in goldenen wagen reisen. rosalia, weine nicht. er weiss, was er dir schuldig ist.
claudio zu hans wurst: ich habe durst.
rosalia: du bleibst hier. es ist schon spät.
hans wurst: die sonne ist erst untergegangen.
rosalia: er bleibt hier. ich brauche ihn. ich bin früher immer in goldenen wagen gereist.
hans wurst: mit silbernen schimmeln, ich weiss.
claudio: ich bin durstig.
rosalia weint.
claudio: ich bin nicht mehr durstig.
rosalia: ich bin so glücklich, dass du bei mir bleibst, und früher bin ich immer in goldenen karossen gefahren.
rosalia, claudio ab.
rupert: gute nacht.
arbogast, hans wurst: gute nacht.
rupert ab.
arbogast: ich muss mit dir sprechen.
hans wurst: ja?
arbogast: du bringst rosalien nicht die nötige ehrfurcht entgegen.
hans wurst: ich wüsst nicht, womit sie ehrfurcht verdient hat.
arbogast: sie ist die frau eines freundes.
hans wurst: sie ist unerträglich, das grösste übel seit . . .
arbogast: das ist nicht wahr. sie hat ihre eigenheiten. du hast sie anständig zu behandeln. ich dulde keinen streit in unserem haufen.
hans wurst: dulden?
arbogast: ich will mich nicht aufdrängen. das weisst du! aber du wirst es bereuen. du darfst nie vergessen, dass wir auserwählt sind. wir müssen stark bleiben. wir dürfen den anderen keine blösse bieten.
hans wurst: und deshalb sollen wir jeden dreck fressen? das ist den preis nicht wert.
arbogast: das ist jeden preis wert. wir sind die ersten streiter des neuen königs.
hans wurst: bist du davon überzeugt?
arbogast: du wagst es zu zweifeln? wenn es uns nicht schwächen würde, müsste man dir die freundschaft aufsagen. du verrätst den neuen könig.
hans wurst: was schert mich der könig.
arbogast: ich warne dich.

hans wurst: seit wann verehrst du die könige?
arbogast: ich verehre sie nicht. ich hasse sie. ich werde sie vernichten. sie beleidigen mich. ich verachte die könige. deshalb werden wir einen neuen könig haben. er wird mich achten. er wird mich bewundern. wir werden seine ersten streiter sein.
hans wurst: gute nacht.
arbogast: gute nacht.

hans wurst: wozu die ihre weiber haben. sie sollen sich miteinander ins bett legen.
rupert: du bist ungerecht.
hans wurst: vielleicht.

das tote kind in der wiege

der engel
der greis
das mädchen

das mädchen: mein vater ist tot
meine mutter ist tot
mein kind ist tot
der greis: wer gab dir vom brot?
das mädchen: du hast mich an kindes statt genommen
du hast mich aus der stadt genommen
du hast mich fortgenommen
der greis: ich bin zur zeit gekommen
das mädchen: ich frage nicht
ich klage nicht
ich danke nicht
der greis: es bricht nicht
es sticht
es zerbricht nicht
das mädchen: er ist fort
der greis: er ist mit dem brot fort
er ist mit dem wein fort
er ist mit dem krug fort
das mädchen: ohne ein wort
der greis: der krug ist gold
die sonne ist gold
der mond ist gold
das mädchen: die sonne rollt fort
der mond rollt fort
mit dem wein fort
mit dem brot fort
aber das kind ist da
der greis: aber das kind ist tot
das mädchen: aber das kind schläft
der greis: es isst nicht
es trinkt nicht
es weint nicht
das kind ist tot
das mädchen: gib ihm vom brot
der greis: aber es isst nicht
aber es trinkt nicht
aber es weint nicht

das mädchen: es hat keine not
darum isst es nicht
darum trinkt es nicht
darum weint es nicht
darum ist es nicht tot
es schläft

der greis: sein hals ist rot
seine brust ist rot
sein leib ist rot

das mädchen: das ist das blut
er hat den vater getötet
er hat die mutter getötet
jetzt hat er das kind getötet

der greis: das ist das blut
er hat deinen vater getötet
er hat deine mutter getötet
und der hals seines kindes ist rot
und die brust seines kindes ist rot
aber der leib seines kindes ist rot

das mädchen: vom blut
das brot ist voll blut
der wein ist voll blut
der krug ist voll blut

der greis: aber er ass das blutige brot
aber er trank den blutigen wein
aus dem blutigen krug
er isst das brot
er trinkt den wein
aus dem krug

das mädchen: sein hals ist voll blut
seine brust ist voll blut
sein leib ist voll blut

der greis: weil er blut isst
weil er blut trinkt

das mädchen: er war gut
er wird wohl gut gewesen sein

der greis: aber er hat blut getrunken
aber er hat blut gegessen

das mädchen: nachdem er gegessen hat
nachdem er getrunken hat
war er gut

der greis: der mond war voll blut

das mädchen: die sonne war voll blut
er musste essen
er musste trinken

der greis: er hat dich vergessen
das mädchen: als ich das brot ass
hörte ich ihn singen
als ich ihn singen hörte
ass ich das brot
der greis: so wie du bist ist es gut
das mädchen: so wie er ist war es gut
der greis: aber sein mund war voll blut
das mädchen: weil er das schwert trug
obwohl er das schwert trug
der greis: er hat den regen gebracht
er hat den schnee gebracht
das mädchen: regen oder schnee
der greis: regen sowohl als schnee
das mädchen: er hält sein schwert in den regen
er hält sein schwert in den schnee
der greis: er wird sein schwert in den regen halten
er wird sein schwert über dem schnee halten
aber sein mund ist voll blut
das mädchen: er wollte den mund bringen
er wollte die sonne bringen
der greis: er hat den wein genommen
er hat das brot genommen
er hat den krug genommen
das mädchen: das kind schläft
engel erscheint
der greis: wer ist gekommen?
das mädchen: jemand ist gekommen
der greis: wer ist gekommen?
ist jemand gekommen?

herr tanaka

dies dieser diese
jenes jener jene
jenes jener jene
kaufen
verkaufen
ich
ich
du sie
du
er
sie
guten morgen
guten tag
guten abend
schlafen sie wohl
lebe wohl
danke
bitte?
ich bin du bist wir sind
er ist
ich war du warst er war
ich werde wohl sein du wirst sein
ich werde gewesen sein du wirst
das kind ist hübsch
die jüngere schwester wird wohl klein sein
regen oder schnee
heisswasser oder kaltwasser
regen sowohl als schnee
heisswasser und auch kaltwasser

dieser dieses das hier
dieser dieses das da
jener jenes das dort

wer ist gekommen?
jemand ist gekommen
wer ist gekommen?
ist jemand gekommen?

weiss darf es nicht sein
schwer darf es nicht sein

trink nicht
es muss rot sein
es muss schwer sein
trink
es darf rot sein

da ich den wunsch bekommen habe die blumen zu sehen lasst uns gehen
jetzt möchte ich nicht früchte essen
ich möchte die kiste bringen
muss essen
muss trinken
muss schwarz sein
muss freundlich sein
muss essen
muss trinken
du darfst noch nicht schlafen
du darfst schon wach sein
darf ich den herrn jetzt wecken?
was tut er jetzt?
er telefoniert
wenn du allen kuchen aufisst so empfinde ich das unangenehm
ich werde es ihm sagen
sonntag
montag
dienstag
mittwoch
donnerstag
freitag
hat nicht gehört
wird wohl nicht da sein

wird wohl nicht geworden sein

du darfst nicht essen
wenn er auch isst obgleich er isst
wenn es auch gut ist obgleich es gut ist
er läuft
er issts
weil es schlecht schmeckt
weil es regnet
nachdem er gegessen hat
ich esse
du isst

er sie es isst
wir essen ihr esst sie essen

wenn er isst
wenn es gut ist
ungefährt etwa in dem grade dass je desto
ungefähr etwa in dem grade nur
ungefähr etwa in dem grade
hübsches mädel!

wenn du gerne essen möchtest
wenn du gern ässest oder nicht gegessen hättest
guten morgen
danke
herzlichen glückwunsch
wenn er isst
wenn er ässe
wenn er essen würde
wenn er ass
wenn er ässe
wenn er gegessen haben würde

wurde verspeist
wird werden
sachen die du nicht essen möchtest isst du wohl nicht?
selbstverständlich!
aber dann wenn ich essen möchte esse ich
es gibt aber sachen die man essen darf und sachen die man nicht essen darf da ich stark bin ist mein grundsatz dass ich das was ich gerne essen möchte essen darf und was ich nicht gerne essen möchte nicht essen darf

er ist im begriffe den apfel zu essen
als er ass während ich esse
das gehen das essen das weisse
ist fertig
zweimal so viel
dreimal so viel
achtmal so viel
iss nicht

für zimmer
für menschen
für menschen
für tiere
für flache gegenstände

norden
osten
westen

die mutter ist klein
das ohr ist rot
die ältere schwester ass
die nase der jüngeren schwester
der ältere bruder wird gegessen haben
wir werden fleisch essen
das kind ist ein mädchen
ich sah den kleinen mund
herr tanaka hat kinder
herr tanaka ist da
vater
mutter
älterer bruder
ältere schwester
jüngerer bruder
jüngere schwester
schwarz weiss blau grün rot
das kind isst
die frau hört
ein mensch ist da
ich esse fleisch
herr tanaka ist da
mensch
mann

mann
frau
mädchen
kind
auge
ohr
nase
mund
fleisch
essen
sehen

meine geliebte hanna
ich fürchte mich vor hunden lass uns schnell fliehen
der vater ass das rote fleisch

die augen des kindes sind blau
das kleine kind hat ein rotes auge
das kleine kind hört mit den grossen ohren schlechte dinge
hallo herr tanaka wer ist gekommen?
der vater ist gekommen
ja alle sind da
isst jemand kuchen?
ja alle essen kuchen
wie geht es deinen ohren?
nur das linke ohr schmerzt
ein gewisser matrose hat sehr viel bier getrunken
drei wein
drei vieh
drei bogen papier
nicht rot
nicht klein
nicht schön
nicht gut
nicht kalt
nicht leise
wie alt sind sie?
er trank bier und ass ein beefsteak
er trank viel bier sodass er betrunken wurde
bitte essen sie

benutze die sagyo
benutze die ragyo
benutze die hagyo
benutze die tagyo
benutze die kagyo
benutze die gagyo

schön
und

als ich den apfel ass hörte ich musik
die zwei leute gingen nach hause
als ich musik hörte ass ich einen apfel

so wie du bist ist es gut
ich bin
du der du bist wirst wohl glücklich sein?
es ist unrecht dass du der du bist so etwas tust

solch einer wie dieser hier
solch einer wie dieser dort
solch einer wie jener dort drüben

der mensch des menschen dem menschen den menschen

es ertönen ermunternde zwischenrufe im takte der musik
dieser hier
dieser dort
jener dort drüben
hallo herr tanaka
ich danke ich kann nichts mehr essen

ich habe zwei eier gegessen
ich habe zwei eier gegessen

sprachlose sätze

ein mann: was ist der unterschied . . .?
dazu schüttelt er eine zündholzschachtel neben seinem ohr.
er nimmt ein scheit holz in eine hand, ein zündholz in die andere, dann entzündet er das scheit mit dem zündholz. dann entzündet er einen reisighaufen mit dem zündholz. dann hält er das brennende scheit und daneben brennt der reisighaufen. dann wirft er das brennende scheit holz in den brennenden reisighaufen. dann leuchtet er mit einer taschenlampe ins feuer. während der brennende reisighaufen langsam verlischt, verlöschen die taschenlampe und die scheinwerfer langsam.
es wird wieder hell. der mann hat eine schultafel mittlerweile hellweiss gemalt.
der mann fragt: was ist der unterschied?
dazu schüttelt er die streichholzschachtel,
dazu ertönt eine sirene,
dazu klingelt er mit einer glocke in der anderen hand,
dazu ertönt musik.
alles ab.

ende

unbezeichnete szenische bruchstücke und notizen

meister rimbald, trödler, pfand- und geldleiher
karoline, seine Tochter
lukas, werksgesell
abendrot, ein reicher hummerfischer
morgenrot, ein reicher bäcker
einhod, ein seltsamer riese
ein lieutenant von der garde

rimbald »lieber tot als morgenrot« hat sie mir um den hals gehängt; da ist er der reichste mann auf hundert meilen und sie hängt mir dies wie einen grabstein, wie einen mühlstein, wie einen totenkranz um und hat keine aussicht witwe zu werden, weil ich der vater bin und sie alle freier vertreibt, die ich voll mühe ins haus gebracht. und das am lieben sonntage, wenn ich meine sünden in die kirche tragen soll. o kind, o possen. geh in die kirche und falte zweie hände fromm, so faltet sie zu hause viere. sie spricht, sie hätt die pocken. allein das glaub der teufel. die pocken kommen mir bedenklich vor. zum lukas, wo steckst du?

lukas hier bring ich den lukas.

rimbald zum überzum, was soll das heissen?

lukas ich weiss es nicht, mein meister.

rimbald sag mir, was du in diesem haus gesehen.

lukas das ist eine sehr schwere frage, aber ich glaube, dass ich's nicht weiss.

rimbald denk nach und sei nicht blöde, hast du denn nichts bemerkt?

lukas nein.

rimbald nichts von meiner tochter?

lukas nein.

rimbald und von dem lieutenant?

lukas nein.

rimbald willst du dein hirnschmalz für den jüngsten tag sparen?

lukas wer weiss, wozu das gut ist.

rimbald du kennst den lieutenant?

lukas den kenn ich wohl.

rimbald der unser haus in seinem aug hat wie karolinen, wenn ich fort bin.

lukas ich kenn ihn wohl, doch trägt er keine häuser in den augen.

rimbald hast du ihn am sonntag vorbeireiten gesehen, immer im kreis, mit seinen augen am fenster meiner tochter?
lukas o nein, mein herr.
rimbald woher kennst du ihn dann?
lukas er hat mich einmal verprügelt.
rimbald wo?
lukas hier im haus.
rimbald er kommt mir ins haus?
lukas alle tage.
rimbald das wird nie geschehen, so wahr ich rimbald heisse.
lukas das glaub ich wohl, doch kommt er täglich.
rimbald wann?
lukas zu abend und am frühen sonntag.
rimbald und das hab ich nie erfahren?
lukas ich glaube, ihr sollt es nicht wissen.
rimbald dümmer als dumm, warum hast du nichts gesagt?
lukas ihr habt nicht gefragt.
rimbald keine possen auf meiner haut.
lukas ihr habt mir's hundertmal gesagt »halt dein ungefragtes maul, lukas«.
rimbald ich frage dich, wo sprachen sie miteinander?
lukas in der küche, auf der treppe, im hausflur und vorm garten, wie's eben kommt und geht.
rimbald und sie schwatzen von der liebe?
lukas nein, meister,
rimbald was dann?
lukas von politik.
rimbald warum nicht gar.
lukas von krieg und frieden war die red und von gekrönten häuptern.
rimbald ich werd dich lügen lehren mit stock und haken.
lukas zu hilf, ihr müsst mir glauben. »ich will dich erobern«, so sprach er, ist das nicht krieg? »du bist meine königin für alle zeiten«, ist das nicht ein gekröntes haupt, eine königin?
rimbald eine narrenhaube auf das deine; nun weiter. dabei fasste er nach ihrer hand?
lukas sie wurden niemals handgemein und schieden als die besten freunde.
rimbald und wie?
lukas recht freundlich, wie gesagt.
rimbald was soll das heissen?
lukas sie küssten sich ein dutzend mal.
rimbald und weiter?
lukas ich habe weiter nichts gesehen.

rimbald schurke, dies verschweigst du.

lukas ich wollt's nicht unter die leute bringen.

rimbald meine tochter lässt sich von einem lieutenant küssen.

lukas wer weiss, wozu das gut ist.

rimbald schweig. ich sehe, hier ist der spass ins wasser gefallen und in der kälte erfroren. das muss sich sofort aufhören. morgenrot oder abendrot, eins von beiden. man kann nicht immer zu mittag spazierengehen. beide haben um sie angehalten, beide leben in einer geordneten reputation. sie haben geld im sack und haar auf den zähnen, die werden dem herrn lieutenant schon den mondbrunnen zeigen. aber *ich* will diese sorge los sein. pass auf lukas. ich gehe zur kirche.

lukas ganz wohl.

rimbald und du bleibst zu haus.

lukas warum denn, meister? nein. ich muss meine trinkgelder versaufen.

rimbald hast du so viel bekommen?

lukas vier groschen, sechs pfennige und vom herrn amtmann eine ohrfeige.

rimbald ei warum das?

lukas ich weiss es nicht. er sagte, der meister wäre ein spitzbube.

rimbald schäm dich, lukas, so zweideutige redensarten musst du gar nicht nachsagen. heute bleibst du zu hause, mir zu gefallen. ich schenke dir noch achtzehn pfennige, dann ist der halbe taler voll. und belagre meine tochter wie ein braver admiral. sie gibt vor, die pocken zu haben. das kommt mir verdächtig. es wäre möglich, dass sich der lieutenant ins haus schliche, dann sei bei der hand.

lukas ihm die tür aufzumachen?

rimbald ihn die treppe hinunterzuwerfen und wenn ich komme, erzählst du mir gewogen und abgezählt, was sich zugetragen.

lukas recht wohl. doch eins noch, meister.

rimbald was ist?

lukas es ist um den braten, heut gibt es braten, ich hab den braten gerochen und esse für mein ungeschorenes haupthaar unseren braten so gerne, doch pflegt ihr das braune alleine zu essen. heut müsst ihr mir auch was braunes geben.

rimbald ja ja, du fastenjäger, mach deine sache gut, so gilt's; sonst gibt's den braunen stock. (ab)

lukas bleib der mir mit seinem stock vom rücken. heute ist sonntag, da wird nicht geprügelt und morgen auch nicht,

da ist der montag blau. wenn doch die ganze woche blau wär.
aber es ist doch recht dumm, dass ich zu haus bleiben soll. ich kann doch nicht die taler zählen, die dem meister an den fingern hängen geblieben sind, weil er sie versperrt hat. was mach ich nun vor lieber langeweile! aber wer weiss, wozu das gut ist.
ei, da steht sein bett. ich werde ein bisschen schlafen. (steigt hinein und gähnt) ich will an ein dickes mädchen denken, die glänzen so im gesicht. das gibt einen schönen traum.

●

thron auf einer lichtung

könig auf dem thron, blinder narr mit einer flöte (vertritt den harlekin)
der könig ist schon weg
der könig wirft ein kleines geldstück in eine gewisse entfernung
der könig wird gefesselt
ein narr ist rückständig, wenn er hinter den anderen narren zurückgeblieben ist
einen könig opfert man, wenn man auch nur narren von geringem wert dafür erhält
narren können sich sowohl vorwärts als auch rückwärts bewegen
der könig ist gewöhnlich der grösste narr
wenn der könig schläft
hier ist ein schilling für euch
langsam
was gibt es
es ist der könig, der einem narren zuruft, langsam zu fahren
vergessen sie den narren nicht, mein herr
bist du krank, narr
ich weiss es nicht ob ich krank werde: ich war noch nie auf dem meer
aber es fängt an zu regnen
halt mein könig, sie dürfen diesen sack nicht mitnehmen
dürfen wir über nacht bleiben
(klopft) wer ist da
ich bins, mein herr, ich wollte eure stiefel zum putzen holen
der blinde: was für ein abscheulicher, armseliger ort ist dies
narr: in der tat, aber in manchen liede gepriesen. es ist der palast des königs
blinder: mein gott wie feucht und kalt es hier ist
narr: wohl möglich
ich sehe, ein solcher posten hat seine vorteile

was meinst du damit
ihr müsst nebenher das edle schusterhandwerk betreiben
könig ihr seid in gefahr
ich bin dir nicht gewachsen
ich habe bereits meine schuhe verloren
deine bewegungen sind steif und gezwungen
das kommt davon, dass ich einen könig spiele
deine begleitung auf der flöte ist sehr schön
●

guten morgen, kommen sie herein
ja
es freut mich sie zu sehen
ja
nehmen sie platz
ja
ich hoffe, sie befinden sich wohl
ja
das wetter ist schlecht
ja
mitten im sommer
ja
obwohl die sonne von schwarzen wolken verdeckt ist, kann
man vor hitze kaum atmen
ja
alles ist trocken und voll staub
ja
kein wind erhebt sich, um uns kühlung zu schaffen
ja
ich bin eben beim frühstück
ja
es ist schon mittag
ja
ich bin erst vor kurzen aufgestanden
ja
gestern ist es spät geworden
ja
sie haben noch nicht gefrühstückt?
ja
da kommen sie gerade recht
ja
wollen wir gemeinsam essen?
ja
nehmen sie tee?

ja
nehmen sie milch?
ja
sie nehmen keinen zucker?
ja
auch keine zitrone?
ja
hier ist brot und butter. wollen sie auch marmelade oder lieber kuchen?
ja
sie haben guten appetit
ja
kein wunder, der weite weg in dieser hitze
ja
ist der tee nach ihrem geschmack?
ja
darf ich nachschenken?
ja
ich hoffe, es schmeckt
ja
sie wissen, warum ich sie eingeladen habe
ja
ich hörte, sie hätten sich in letzter zeit sehr zurückgezogen
ja
sie verfügen über einige erfahrung und so dachte ich an sie
ja
ich glaube, sie wären der geeignete mann
ja
es freut mich, dass sie meine ansicht also bestätigen. können sie das verstehen?
ja
ich schätze sie als einen besonnenen mann, der erfahrung und zurückhaltung vereint
ja
●

2 herren in hausanzügen sitzen an einem tisch und spielen schach

1: die rochade mein herr ist nur erlaubt wenn könig und turm noch nicht gezogen haben
2: ich bin ihnen zu dank verpflichtet mein herr
1: ich stehe zu ihren diensten

1: erinnern sie sich des strengen winters? der frost dauerte sieben monate

(es schneit)
2: sie sind dran
1: es gab keine kohle, nichts zu essen
●

ein mensch sitzt mit dem rücken zum publikum im hintergrund der bühne. er angelt.
strohhut.
hemd.
hose.
barfuss.

2 männer an der rampe.
der eine mann: nun ist robert gar ein fischer geworden.
der andere mann: fischer müssen schweigsam sein.
der eine mann: eine schöne sicherheit!

2 männer und robert.
sie haben robert in die mitte genommen.
die angel ist nicht mehr da.
robert kneift, vom licht geblendet, die augen zusammen.
der andere mann das ist robert!
der eine mann: er sieht zumindest so aus!
der andere mann: robert war schlau.
der eine mann: gib mir seine brieftasche. ich steck zeitungspapier rein und das geld kommt hinter das schweissband vom hut.
der andere mann: das könnte passen.
sie stopfen die brieftasche aus.
die geldscheine im hut.
sie stecken massbänder, kiesel und ein stück schnur in roberts taschen.
der eine mann: er hatte charakter.
der andere mann: er war eine persönlichkeit.
der eine mann: zwar ein pedant.
sie stopfen eine stielbürste in roberts brusttasche.
der andere mann: aber ein guter kerl.
eine trillerpfeife.
der eine mann steckt eine schnapsflasche in roberts hüfttasche.
der eine mann: und, man soll es nicht verschweigen, leider ein trinker.
der andere mann: schwarzhaarig?
der eine mann: nein, blond.
sie ziehen ihm eine jacke an und stecken einen handspiegel hinein

sowie schnüre
ein notizheft
bleistift
papier
eine füllfeder
eine mundharmonika
robert.
robert misst gegenstände mit dem massband:
seinen leibesumfang.
den schritt.
die kopfweite.
die kragenweite.
schulterbreite
die waden.
notiert vieles in einem notizbüchlein.
nimmt einen zug aus der flasche.
bürstet die jacke.
betrachtet sich im spiegel.
leert fluchend die kiesel aus den taschen.
bläst die mundharmonika.
plötzlich bricht er ab holt die trillerpfeife raus und pfeift.
eine frau stürzt weinend auf die bühne.
die beiden männer treten auf und führen sie weg.

der mensch ist seine eigenschaften
der mensch ist was ihm eignet.
(sie tauschen ihre anzüge und hüte)
du bist ich
ich bin du
(beide) wir sind auswechselbar
●

ich hob gheat, du bist guat.
guat bin i schon.
megst ka meada wean?
a meada, na, daunk da schee, i derf net.
du sagst »i derf net«, i sag da »meada«.
no ja, meada, meada
a echter meada.
was is a meada eigentlich?
no ja des is aner, der die leit umbringt.
was? das geht net so wia du da des einbüdst.
no wie geht's denn dann, man muss a meada sein, wenn man a nicht will.

du zwingst mi, wann i net wü?
pass auf, des lernt ma ganz leicht, verstehst.
heast, was fehlen tuat ma nix.
na wann da eh nix fehlt, bist a guata meada.
foit ma ein, dass i a meada wea.
auf amoi.
wannst ma a zuaredst, i wü net.
s'is ewig schod um di, dass'd ka meada wiast.

●

friedrich matrose
hans wurst matrose
täubchen ein treuloses mädchen
eine junge witwe mit schwarzen florstrümpfen (weisse kleider manchmal?)
der trommler
der jüger brüder?
das mädchen mit dem geigenkasten und der musikmappe
der seiltänzer
die seiltänzerin geschwister?
der fischer von besonderen fischen (bruder vom trommler und jäger?)
ringkämpfer, ausgedienter soldat, im exekutionskommando eingeteilt
meisterschwimmer
kutscher
ein sehr kokettes mädchen das silberne herzen für die kirchen verkauft und vor einer kirche auf einem grossen marktplatz steht
ein kartenspieler
der sträfling (die wände)

hans wurst: wie teuer doch das leben in einem hafen sein kann, wenn die paradiesvögel von den dächern hängen und die mädchen kein ende nehmen. mein goldener anker ist im pfandleihhaus und in meinem portemonnaie feiern die windmühlen guten morgen.
friedrich: sei still, wir sind da. in diesem haus wohnt mein täubchen.
hans wurst: dann wollen wir singen und du schlägst auf deiner schatzkiste den takt dazu, damit sie gleich weiss, wieviel es geschlagen hat.
friedrich: hast du vergessen, dass wir sie auf die probe stellen wollen?
hans wurst: meiner seel, das hätt ich vergessen. ich glaub der spass wird dir nicht gut tun. man merkts halt doch, dass du zum ersten mal über die grossen meer geritten bist. denn ein echter matros ist kein solcher narr nicht, dass er sein mädchen auf die probe stellen wollt.
friedrich: was weisst denn du von der liebe, die geht bis in das grab hinein und noch weiter.

hans wurst (zur seite): na die wird runde augen machen, wenn ich ihr erzähl, dass ihr herzkönig mit den fischen um die wette läuft. (zu friedrich) weil du mein guter friedrich bist und weil ich ohne dich schon längst keinen schnaps mehr trinken tät: ich sag dirs schon im vorhinein, dass ich net schuld bin, wenn was passiert.
friedrich: schau wurschtel, wenn was gschicht bin i da net bes. i mechts so haum und damit basta. du hast mas versprochen.
hans wurst: das ganze is ma vü zu melancholisch. aussadem wor i bsoffn, wia i da des vasprochen hob.
friedrich: a bsoffana matros hat a sei ehr.
hans wurst: i hab alles vergessen.
friedrich: pass auf, i dazö da alles no amoi: kumm hinta de gstreich. wann d sunn aufgeht, gehts im garten spazian.
hans wurst: a jetzt was is wida, valiabt soi is mochn.
friedrich: bist a fescha kerl, hast an botzen schnuaboat und a göd buag i da a. damitst net so dostehst wia da napoleon vorm bürgertheater.
hans wurst: wüst das wirklich riskieren. i bin jo net zwida und vielleicht?
friedrich: eben weil ich dich für gefährlich halt, sollst dus probieren. sei stad. es kommt wer.

friedrich, hat den vater seiner liebsten umngebracht (wie?)
hans wurst
2 matrosen von der galeere
ein alter hase

totengräber?
sie haben die aufseher erschlagen und mit ihren kameraden gekapert und geentert, piraten geworden (kommen ihre kameraden, die piraten mit piratenhauptmann in voller wichs später? im guten oder im bösen?) jetzt haben sie viel geld, kommen in quasi zivil (matrosenkleider) um nicht aufzufallen. vielleicht ist der erschlagene ein fremder, der durch das dorf kam? sind alle einwohner menschenfresser?
kamen die beiden, weil das mädchen in diesem ort wohnt?
war friedrich nur ein einziges mal hier? er hat sie auf einem rummelplatz kennengelernt. er war früher schmetterlingssammler. sammler seltener arten. sie hat ihn mitgenommen. er hat den vater erschlagen. dass der vater von den dorfbewohnern inkl. polizisten und tochter verzehrt wurde, weiss er nicht. der polizist ist sehr für ordnung. und mann hütet sich peinlichst, dass aussenstehende von dem geheimnis des dorfes erfahren.
vielleicht szene auf friedhof, wo die dörfler an den frischen toten nagen und beratschlagen, was weiter zu tun sei.
das mädchen muss sehr lieblich und sehr zart aussehen.

versucht der dorftrottel immer die fremden zu warnen?
hat sich der dorftrottel versteckt oder wer hat sich versteckt?
ist dort immer kirchweih (rummelplatz um die frauen anzulocken) oder ist dort, weil ein oder drei jahre vergangen sind, wieder kirchweih?
bewegliche dekoration, rummelplatz vor kirche, möglichkeit eines wirtshauses.
»öde gegend, da wächst ja überhaupt nichts, möcht wissen, wovon die leute hier leben.«
●

anmerkungen

die ausgabe der *theatertexte* ist ein teil der *sämtlichen werke* von konrad bayer, die gerhard rühm 1985 in der ÖVB – klett-cotta verlagsgesellschaft m. b. h. in wien herausgegeben hat. auf die vor- und nachworte sowie die ausführlichen anmerkungen dieser ausgabe sei hiermit verwiesen. rühm gliedert die *sämtlichen werke* nach gattungen, zugleich beschreibt er aber auch die problematik einer solchen einteilung: »wie häufiger noch bei den anderen exponenten der ›wiener gruppe‹, gibt es natürlich auch bei konrad bayer übergangs- und zwischenformen, die mehr oder weniger willkürlich in einer der gruppen untergebracht werden mussten – besonders häufig im abschnitt »theatralisches«, wo es texte gibt, die man auch als rein poetische auffassen kann (z. b. ›entweder: verlegen noch einmal zurück, oder: visage-a-visage in der strassenbahn‹, ›die vögel‹, ›17. jänner 1962‹). doch glaube ich, daß diese einteilung (bei konrad bayer gerade noch vertretbar) die fülle und vielfalt des materials überschaubarer macht. dass die zuordnung nicht immer eindeutig ist, wird wohl hinlänglich durch den verzicht auf gattungsbezeichnende zwischentitel zum ausdruck gebracht. innerhalb jeder gruppe sind die texte chronologisch nach entstehungsjahren angeordnet, wobei ich allerdings einige umstellungen vorgenommen habe, um thematisch und methodisch zusammenhängende komplexe nicht auseinanderzureissen. wo unter den texten keine jahreszahl angegeben ist, liess sich das entstehungsdatum nicht mehr ermitteln.«
so folgt diese ausgabe strikt der einteilung rühms in den *sämtlichen werken*, sie enthält also das kapitel *szenen und theaterstücke*, sie enthält nicht andere theatralische texte, vor allem aus dem umkreis des literarischen kabaretts, also die *chansons* und die *sketches*, ebenfalls nicht die theatralischen gemeinschaftsarbeiten der *›wiener gruppe‹* (achleitner, artmann, bayer, rühm, wiener), die in dem von gerhard rühm herausgegebenen band »die wiener gruppe«, hamburg 1985, erschienen sind.

entweder: verlegen noch einmal zurück oder: visage-a-visage in der strassenbahn. in einem werkverzeichnis datiert bayer die entstehung dieses textes mit 1953, in einem anderen ist 53 durchgestrichen und durch 54 ersetzt. bayers endfassung des textes, der dieser abdruck folgt, scheint in verlust geraten zu sein; jedenfalls fehlte sie in den mir wieder zur verfügung gestellten skripten.

une show royale. manuskript in konventioneller grossreibung. der handschrift nach würde ich es noch vor 1955 ansetzen, doch richte ich

mich nach einer datierung bayers in seinen werklisten. vom ersten akt hat er, in kleinschreibung, eine reinschrift begonnen und – wo der angedeutete dialog beginnt – handschriftlich (kleinschreibung) die bemerkung hinzugefügt: »nur szenario verwenden/keine dialoge erfinden!!/für lesebuch f. mittelschüler«. bayer und ich planten einen sammelband ›lesebuch für mittelschüler‹, der unter anderem bayers ›jesus‹ und ›fut und ebbe‹ (siehe dort), ähnliche texte von mir und gemeinschaftsarbeiten wie ›scheissen und brunzen sind kunsten‹ enthalten sollte.
ghoulen hat bayer an anderer stelle definiert als »junge unverheiratete mädchen, die nachts tote fressen«.

die erschreckliche comoedie vom braven lukas. in einem älteren entwurf lautet der titel barockisierend:

> die erschreckliche comoedie vom braven lukas
> oder beschreibung des bittern leidens unter den menschen samt einem unnatürlichen zusatz, der von miraculösen himmelstieren berichtet; dies also ausführlich und herzbrechend in künstlicher manier, dass dem erstaunten publikum sein rotz und tränen wie das höllische feuer aus den augen fahren wird.

dem schluß des szenariums handschriftlich hinzugefügt »schlacht an den thermopylen«. die rohschrift des ersten aktes noch sehr skizzenhaft und unzusammenhängend auf mehrere blätter verteilt – ein plausibler textverlauf musste also erst erstellt werden.
auf einem weiteren blatt folgende notizen:

> beim türkenbrot
> beim schwedentod
> da finden wir die rechte not
> wir armen cannibalen

2) ein wagen im hintergrund mit dem hinterteil zum beschauer die pferde sind fast nicht zu sehen (können auch ausgestopft sein) räuber holen zwei frauen eine alte sehr hässliche und eine junge sehr liebliche ein älterer mann ein kutscher ein junger mann in uniform aus dem wagen einer bedroht der andere macht beute
3) man hat mir mehr schlüssel von geworfenen städten auf samtenem pfühl geboten als narben meinen corpus (oder leib) zieren.
   bezwinger von lüttich, rotterdam & antwerpen.

das handschriftliche bruchstück mit dem umrahmten hinweis »aus 2. aufzug« fand sich in einem stoss ungeordneter einzelblätter. wenn der »baumschulgärtner« auch auf einen zusammenhang mit dem ›analfabeten‹ hindeuten könnte, spricht doch mehr dafür, dass bayer es in

›die erschreckliche comoedie vom braven lukas‹ einbauen wollte: unter »baumschulgärtner« steht in klammern »räuberhauptmann«, der vermerk »aus 2. aufzug« wurde nachträglich (schwarzer statt sonst blauer kugelschreiber) eingetragen – im ›analfabeten‹ gibt es keine aufzüge, und der inhaltsangabe des 2. aktes der ›erschrecklichen comoedie‹ nach fügt sich das bruchstück durchaus in diese ein.

der analfabet. zu diesem stück hat bayer folgende ›legende‹ geschrieben:

> vor vielen, vielen jahren lebte ein chefarzt in seiner alten, efeuumwucherten heilanstalt. da kam der hilfswärter des wegs, ein äusserst dummer mensch.
>
> nun sprach der junge, schöne chefarzt, in seinen weiten, weissen, weichen mantel gehüllt: »mit ihnen habe ich zu reden, sie analfabet!« da bewunderten die umstehenden narren und närrinnen den hilfswärter noch mehr, der durch die gänge gehen konnte, nach links und rechts, nach oben und unten, der die schnalle zur gittertür in der hosentasche trug und den grossen park zu jedem wochenende verliess, wie es ihm beliebte.
>
> und noch nach vielen, vielen jahren hofften die leute in der heilanstalt, dass er wiederkommen möge, der schon so lange ausgeblieben war, mindestens hundert jahre.
>
> und die leichten fälle, die sich auf der glasveranda sonnen und zuweilen durch die gänge gehen dürfen, reissen manchmal die türen auf und dann glauben alle schweren fälle, das ist er.

hier die zweite fassung mit der neu hinzugekommenen ›beilage für alle feinde des analfabetismus‹, die bayer für eine geplante, aber meines wissens nicht zustandegekommene aufführung im wiener, ›studio experiment am lichtenwerd‹ fertiggestellt hat. die seitenabfolge ist im manuskript nicht mit ziffern, sondern mit buchstaben (beziehung zum titel!) bezeichnet: die seitenzahl des typoskripts deckt sich (zufällig?) mit der buchstabenzahl des alfabets (in einer anderen schreibfassung fehlen allerdings die letzten buchstaben). da im druck die seitenanzahl von der des typoskripts zu sehr abweicht, die entsprechung also nicht mehr sinnfällig würde, habe ich auf die seitenbezeichnung durch buchstaben verzichten müssen.

es fanden sich noch einige handschriftliche ›regievorschläge‹, darunter die folgenden:

> 1–5: fussballer mit nummern? matrosen mit nummern wie fussballer, sonst sehr altmodisch –
>
> baumschulgärtner: schürze blau, strohhut, giesskanne, sehr gross, athletisch, schön, –
>
> eine szene wird von einer herrengesellschaft (englischer club?) aus zeitungen herausgelesen, wobei man in fauteuils sitzt. –

szene hinter einzelnen paravents. man setzt einmal ein bein vor, hebt den kopf darüber und spricht, oder beide hände zur seite, dass sie sichtbar werden und spricht. –
der paravent ist zentrales requisit. –
bewegliche dekorationen und statische schauspieler. –
jeder spielt für sich, in sich hinein, keine menschlichen bindungen. nur selten flammen diese auf (direkte ansprache). –
quasi ein montagetheater / es müssen auch schnitte im gefühl, im ausdruck möglich sein. –
kein durchgehender ausdruck, immer nur für entsprechenden *satz, wort.* vielleicht für die nummern: fixierte standorte für jede szene (auch für mehrere), sprechende, selten bewegliche statuen, wenn sie nicht verwendet werden stehen sie reglos wie inventar herum, tragen nummern, fixiert an bezeichnete punkte, die sie kaum verlassen (zb. für szene mit matrosen.). –
der analfabet: eine allegorie der dummheit und des todes.

›der analfabet‹, ›karl ein karl‹, ›der berg‹ und ›die stadt‹ waren vorgesehen als bayers beiträge zu ›die mustersternwarte‹, einem sammelband der ›wiener gruppe‹, der als ›walterdruck‹ 1965 im walter verlag, olten und freiburg, erscheinen sollte; aus dem projekt wurde nichts.

die vögel, von bayer in einer liste als »montage« bezeichnet, sollte mit ›der berg‹, ›der see‹, ›diskurs über die hoffnung‹ (?), den gemeinschaftsarbeiten (bayer/rühm) ›kosmologie‹, ›der fliegende holländer‹, ›kriminalstück‹ und einigen meiner ›konversationsstücke‹ zu einem sammelband kurzer (montage-)stücke unter dem titel ›kosmologie‹ zusammengestellt werden. – leider ist die letzte fassung, der die hier abgedruckte textgestalt entspricht, nicht mehr auffindbar. in der dieser letztfassung vorausgehenden erheblichen überarbeitung (umstellungen, erweiterungen, kürzungen) einer reinschrift der erstfassung finden sich am rande die handschriftlichen personenangaben »1 mann / 1 frau« und, modifiziert, mit kleinem abstand darunter »die vögel, mann & frau«.

die boxer. das fragment basiert auf einer grösseren sammlung von sätzen, wie wir sie damals (1956) bei montagen – etwa aus sprachlehrbüchern – verwendeten. der erste anlauf zu einer gliederung und ausarbeitung des textmaterials als theaterstück trägt den titel ›das gespräch, ein boxkampf in . . . runden‹ und die später handschriftlich hinzugefügte prägung ›die boxer, ein faustkampf in 18 runden‹ mit der jahreszahl 1956 (die ich eher auf die aufstellung des ausgangsmaterials beziehen würde). auch wenn die ersten beiden runden hier, ohne noch als solche bezeichnet zu sein, bereits weiter ausgeführt sind, nenne ich dieses weitaus umfangreichste boxer-typoskript »rohfassung« – der text verliert sich dann unter einbezug mehrerer teile (andere sind nicht mehr vorhanden) einer ersten materialzusammenstellung (wodurch es zu manchen sicher so nicht beabsichtigten wiederholungen kommt) in grössere und kleinere textabschnitte auf nachträglich weitgehend durchnumerierten blättern. diese abschnitte zeigen eine gewisse ordnung nach themengruppen, wie: begrüssung, höflichtkeitsfloskeln und beschimpfungen, neuigkeiten, das gespräch selbst betreffendes, geschäftliches, kleidung und sex, befinden, zeit, wetter, wettkampf (springen, laufen); da es sich dabei um mehr als 18 abschnitte handelt, ist ein abschnitt nicht immer mit einer »runde« gleichzusetzen. diese, zusammenfassend gesagt, erste noch unausgegorene und zerbröckelnde fassung ermunterte bayer wohl nicht gerade zur weiterarbeit, zumal er sich eine grosse aufgabe gestellt hatte: es sollte daraus sein erstes abendfüllendes theaterstück werden. nach längerer pause – das projekt liess ihm keine ruhe – griff er ›die boxer‹ wieder auf. in einer neufassung, die über die anfangspassagen (eine 1. runde) nicht hinausgedieh, formte er den noch kargen text, vor allem durch einführung zahlreicher regieanweisungen, stärker zum szenischen hin aus; auch einige neue kürzere textabschnitte kamen hinzu. zur besseren orientierung bezeichne ich dieses typoskript als »zwischenfassung«. schliesslich ging er daran, das bereits vorhandene material systematisch aufzuarbeiten und einmal runde für runde abzuschliessen. er ist damit bis knapp vor das ende der 3. runde gekommen – der gongschlag, mit dem jede runde nach einem verbalisierten sieg oder unentschieden enden sollte, fehlt hier noch. gleichwohl kann auch diese letzte fassung noch nicht als ausformuliert, als bis zum abbruch wenigstens druckfertiges fragment gelten; dagegen spricht schon die äussere form des typoskripts: willkürliche zeichensetzung, durcheinanderlaufende zeilenabstände, zahlreiche kürzel, durchixungen und handschriftliche korrekturen. obgleich ich idee und anlage des stückes bemerkenswert finde, konnte ich mich angesichts des vorliegenden textmaterials bei der herausgabe der ›gesammelten texte‹ (1966) zur veröffentlichung des fragments nicht entschliessen, zumal teile davon in das stück ›kasperl am elektrischen stuhl‹ hinübergewandert sind. es ist nicht abzusehen, was aus den vorhandenen drei runden (und den älteren szenischen anweisungen) noch geworden wäre, wenn es bayer wirklich zu 18 runden gebracht hätte. die schwierigkeit, in dieser weise ohne spannungsverlust weiterzumachen, war ihm durchaus bewusst. er entschloss sich gewissermassen zur flucht nach vorn mit der später mündlich geäusserten absicht, das stück als weltmeisterschaftskampf über 15 runden anzukündigen, und, falls das publikum durchhielte, 3 zusatzrunden so oft zu wiederholen, bis auch der letzte zuschauer den raum verlassen hätte. da das fragment der letzten (3.) fassung inzwischen in der zeitschrift ›protokolle‹ I/70 publiziert und mehrmals auch theatralisch zu realisieren versucht wurde, habe ich es in die bayer-werkausgabe von 1977 aufgenommen. nun ergänze ich das bereits publizierte durch den vollständigen abdruck der ›rohfassung‹, die – wenn auch noch in materialhaftem zustand – eine ganze reihe von später nicht mehr aufgegriffenen textpassagen enthält. regieanweisungen aus der 1. runde der zwischenfassung, die über bestimmte textstellen hinaus im hinblick auf bayers allgemeine inszenierungsvorstellungen interessant sind, führe ich hier in beispielen an:

plötzlich gewechselter tonfall; mit der falschen freundlichkeit, mit der man flüchtige bekannte begrüsst; oder mit der freundlichkeit eines vertreters.

als ob er schon vergessen hätte, gefragt zu haben.

duckt sich, deckt ab.

(»hier liegt mein handschuh.«) er hebt ihn auf, zieht ihn an und schlägt 2 auf die nase.

(»darf ich ihnen meinen glückwunsch abstatten?«) geht auf 1 zu und schüttelt ihm die hand.

(»es ist mir leid, dass ich sie heute nicht mehr sehen kann.« »mich?« »ihre mutter.«) nimmt seine dunkle sonnenbrille ab.

(»ich komme wieder.«) 1 wankt in die seile, kommt zurück, nimmt wieder konversationshaltung.

taumelt.

(». . . ich schäme mich meiner selbst, ich bin zerknirscht.«) setzt dunkle brille wieder auf.

(1) geht mit einer hand zu boden, der ringrichter tritt neben die beiden und beginnt zu zählen.

wankend, mit schwacher stimme, vielleicht hat er sein gesicht für einen augenblick in den händen geborgen, die federweiss (handschuhe) waren, und sich damit die wangen gebleicht. mit ersterbender stimme.

(1) kommt langsam wieder zu sinnen, widerwillig abwehrend.

(2) gemütlich, noch breiter (im sessel), wie ein vertreter nach abschluss mit einem arbeitslosen.

(1) schwankt heftig, krümmt sich, hält sich den bauch, richtet sich mühsam, wie nach einem schlag, wieder auf, nimmt position.

(1) fällt hin, ringrichter springt vor, will zu zählen beginnen, aber 1 springt mit tierischer wut im gesicht sofort wieder auf die beine, er sieht aus, als ob er den anderen totschlagen wollte, aber seine sprache bleibt höflich, sie ist nicht mit dem gesichtsausdruck identisch. es muss in diesem stück versucht werden, gesichtsausdruck, gestik vollkommen von der sprache zu trennen, die, wenn nicht anders bestimmt, immer diszipliniert, beherrscht bleibt, konversation.

(1) geht einen schritt nach rechts, so dass er jetzt den gegner von der anderen seite hat, nimmt das cocktailglas, das er seit einiger zeit, so wie der andere, vom tisch genommen hat – es wurde vom manager (des 1) zur erfrischung gebracht, der manager hatte ihn auch ganz kurz im sprechen frottiert – also er nimmt das glas in die andere hand; neue schlaghand, neue taktik. plötzlich ganz kalt (: »ich glaube, nein!«). (2) versteift, passt sich der neuen taktik in haltung an, nimmt umständlich ebenfalls glas in andere beboxhandschuhte hand. eisig, langsam (: »ich sage, ja.«). (1) nippt, konzentriert sich, wechselt stand- und spielbein, wippt in den kniekehlen, lockert sich, er hat, etwas übertrieben, die pose eines salonlöwen eingenommen.
(2) zischend, geduckt, laut (: »ich wette,«), mit einem ruck in die stellung des anderen, übergangslos plötzlich ebenso nonchalant und verbindlich, mit unterstreichender verneigung, angedeutetem kratzfuss, und rechte hand aufs herz; die verneigung sehr steif, sehr abgemessen, kein cm zu tief. lächelnd, amüsiert (: »es ist nicht wahr.«). (1) amüsiert (: »ich wette was sie wollen.«). stellt das glas weg. (2) ernst, feststellend, aber ohne nachdruck, wie eine maschine (: »es ist wahr.«). ab jetzt beide sehr schnell, antwort auf antwort, wie maschinen, monoton, ohne jegliche bewegung, nichts verändert sich, im gesicht bewegen sich nur die lippen.
(1) brüllt plötzlich, ausser sich (: »sie sagen nicht die wahrheit!«).
(2) ganz ruhig, unberührt (: »so wahr ich lebe.«). stellt das glas weg.
beide blicken jetzt über das publikum hinweg und sprechen für sich selbst.
1 geht zu 2, sieht ihn von unten eindringlich an, schlägt sich mit beiden fäusten auf die brust, mit emphase (: »ich rede aufrichtig mit ihnen!«).
(1) einen schritt vortretend, kopfneigend, wie ein kind, das überzeugt ist, weil es ihm gefällt, nicht aus zwingenden gründen, kokett, nicht mehr monoton (: »nun, ich glaube es.«). (2) unverändert, wie eine sprechende statue, bestimmt (: »ich glaube es nicht.«). (1) erschüttert, niedergeschlagen, gebeugt, mit gesenkten augen, mit ausgebreiteten armen (: »ich gebe es zu.«), bricht zusammen, ringrichter notiert einen punkt, zählt.
(1) springt wie ein gummiball, wie ein clown, akrobat auf und tritt den einen schritt auf seinen standort zurück; wie vorhin ganz ruhig, monoton (: »es war nur ein scherz.«).
(1) hält sich die backe wie nach einem schlag, verzerrtes gesicht. der ringrichter notiert deutlich mit kreide einen punkt auf der Schultafel: (2) gequält, versucht unbefangen zu erscheinen, in sein eingefrorenes lächeln rutscht dauernd die angst (: »ich scherzte

bloss.«). (1) umarmt ihn plötzlich, mit glückseliger, tränenerstickter aber lauter, halbjubelnder stimme (: »dann sind wir einig!«). clinch. der ringrichter tritt vor und löst die beiden professionell, mit der überheblichkeit eines polizisten aus der klammer (dem clinch). der betreuer (des 2) hüpft in seiner ecke (ausserhalb der seile) mit mühsam lautlos gehaltener freude, presst faust vor den mund, um nicht aufzujubeln, ringrichter notiert im zurückgehen punkt (für 2) – auf der tafel ist eine tabelle, links 1, rechts 2 durch einen vertikalen strich getrennt. 1 und 2 stehen einander geduckt und wippend, jeder ein bündel energie, wie bei einem boxkampf gegenüber. ringrichter zurück und schiebt sie, ohne sie anzusehen, ein wenig auseinander, seine wichtigkeit ist aus seinem gesicht abzulesen. tritt einen schritt zurück, verfällt in seine amtsmiene, pfeift auf einem trillerpfeifchen. die beiden stürzen aufeinander los. bleiben in geringer entfernung voneinander stehen. in der folgenden sequenz wippt der jeweils sprechende scharf kopf und schultern vor, zugleich mit einem satz, während der andere entsprechend scharf kopf und schultern zurückwirft. die arme sind angewinkelt an den seiten zu halten, die hände geballt und nach vor gerichtet, alles wie bei einem in höchster erregung sprechenden, der seinen zorn in den händen zerdrückt, mühsam beherrscht. die oberkörper sollen vorzischen und kurz verharren, bevor sie zurückwippen und darüber hinaus. ein rhythmus soll gehalten werden. bei schlagserien stösst auch der hörer vor, und der defensive sprecher weicht oder wippt weiter zurück, z. b. bis er umfällt. alles schnell. sehr schnell (: passage mit kurzen sätzen).

(2) vor, sehr laut, wie in einem tumult sich verständlich machend, jedes wort betont, durch den schalltrichter seiner hände (: »ich verstehe sie nicht!«).

beide atmen, wenn sie nicht sprechen, sehr betont und augenfällig, als zeichen der anstrengung und erschöpfung.

(1) plötzlich ganz frisch, abweisend, als ob er nicht wüsste, wovon gesprochen wurde, mit der reserve eines millionärs, der versehentlich belästigt wurde (: »was wollen sie?«). 2 fällt um. wie ein stock. er bleibt bis 8 am boden. kaum hat sich 2 erhoben, er steht noch nicht, setzt 1 fort, 2 zuckt bei jedem wort des folgenden satzes, wie galvanisiert, trotzdem richtet er sich während dieses satzes vollends, wenn auch mit anstrengung (– ein schweissausbruch wäre schön) auf.

herrisch.

(2) richtet sich auf, schüttelt den kopf wie nach einem schlag. pause, beide blicken nachdenklich und lippenkauend etc. vor sich hin. diese pause gerät etwas lang.

. . .

bei gongschlag haben sich beide gleichzeitig und sofort voneinander abgewendet und langsam, tänzelnd kurs auf ihre ecken nehmend, winken sie dem publikum mit gespielter siegeszuversicht. der ringrichter notiert die punkte.
(oder:) mittlerweile hat der ringrichter bis 9 gezählt, dann schlägt er auf den gong. der coach hebt 2 auf, beschüttet ihn mit wasser, gibt ihm erfrischung, tätschelt seine wangen, langsam erholt sich 2. 1 mit einem zahnschutzkauenden lächeln ins publikum, siegesgewiss, muskeln kollernd unter seinem anzug, in die ecke ab.

bayer hat noch ein paar gedanken zu dem stück notiert. »in diesem stück gibt es keine charaktere, keine eigenschaften. nicht der eine ist der starke und der andere der schwache, nein, der langsame ist plötzlich schnell, der geizige freigebig etc., alles wechselt.« andererseits hat er erwogen, den kampf in verschiedenen lebensaltern und situationen zu zeigen, auf einer »fiktiven ebene« den schauplatz und die kostüme wechseln zu lassen (von runde zu runde?). auf einem zettel hielt er den grundgedanken der ›boxer‹ fest: »verständigung ist nicht möglich«. die sprache, instrument gesellschaftlicher konventionen und herrschaftsstrukturen, täuscht (ein)verständnis nur vor. die vitalen interessen und ängste, die hinter den solchermassen funktionierenden umgangsformen lauern, treten hier als rede demaskierende gesten (handlungen) brutal in augenschein: als tiefschlag, als decken, als chlinch. die (gesetzlich) festgelegten spielregeln des »kampfes« schliessen selbst den tod des gegners nicht aus, wenn er in ihrem sinne korrekt herbeigeführt wird.

die pfandleihe. typoskript mit zahlreichen handschriftlichen verbesserungen. möglicherweise ist mit dem ende des skripts das stück, wie bayer es dachte, noch nicht abgeschlossen. am schluss der eingangsverse steht im typoskript nach der zeile »in diesem rahmen« das (leichter als sonst durchgestrichene) reimwort »amen«, daneben handschriftlich »so sei es« – vielleicht noch keine endgültige entscheidung für eines von beiden. auf seite 91 im skript nach »leonhard: aber jetzt bin ich pleite und« der alternative handschriftliche zusatz (eingeklammert) »hab sie doch gebeten mit mir zu dinieren« und nach »aufzusuchen« steht, »verfluchte schmach«; das nachfolgende »schokolade« bezieht sich aber auf »konditorei«. auf seite 95 nach »diese pause gerät etwas lang« handschriftlich eingefügt und umrahmt »geben sie zu, sie haben die riesin erfunden! was brauchen sie geld« und, neben der umrahmung, »passage« – wahrscheinlich zog er hier eine textumstellung in erwägung, wobei die stelle etwas ausgebaut werden sollte. auf seite 97 nach »pfandleiher (erregt): sie haben überhaupt allerlei behauptet!«, im skript die dritte zeile, ist der rest der seite freigelassen – sollte hier noch eine neue textpassage eingebaut werden? vom ›pfandleiher‹ existieren drei ansatzhafte, textlich nur geringfügig abweichende vorstufen. auf einem zettel eine notiz, die auf die absicht einer weiterführung des stückes hindeutet: »Typisierung löst sich in einem Wust von persönlichen Eigenschaften Liebhabereien etc. auf/unerträglich –, die (. . .) wird dadurch gleichsam gesprengt«. auf einem blatt ist als »in arbeit« neben ›napoleon‹, ›die pfandleihe‹ angeführt, umrahmt steht daneben »elektizistisch« – eine beurteilung, die für uns negativ war; tatsächlich hatte ich den eindruck, dass bayer das stück (auch weil es bei den freunden wenig anklang fand) weglegte, nachdem er einige teile daraus in ›kasperl am elektrischen stuhl‹ übernommen hatte.

die begabten zuschauer. von bayer später in ›kasperl am elektrischen stuhl‹ eingebaut, aber auch als selbständiges stück weiter beibehalten. aufgeführt 1961 in ›die arche/wiener studentenbühne‹ unter dem gesamttitel ›kosmologie/acht kurze stücke von konrad bayer und gerhard rühm‹, regie gottfried schwarz (an gemeinschaftsarbeiten standen ›der fliegende holländer‹, ›ein kriminalstück‹, ›kosmologie‹ auf dem programm). erschienen in ›blätter‹ XVI/2, 1962.

idiot. reinschrift (mit korrekturen) nur von der 1. szene, mit dem datum: november 1960. alle 3 szenen: luzern-ebikon, november 60. auf einem beiliegenden unbezeichneten blatt, hier zum ersten mal veröffentlicht, das im typoskript noch eher skizzenhafte fragment einer weiteren (anschliessenden?) szene. auf der reinschrift ist dem titel ›idiot‹ mit bleistift »es« beigefügt, bayer schwankte zwischen dem titel ›idiot‹ und ›idiotes‹ (in einem werkverzeichnis ist das »es« wieder gestrichen).

der berg. der see. die stücke wurden von bayer als zusammengehörig gesehen – es lässt sich aber nicht mehr feststellen, welches der beiden ›see‹-stücke er als pendant zum ›berg‹ meinte. die bezeichnung (1) und (2) habe ich zur unterscheidung der beiden stücke hinter die gleichlautenden titel ›der see‹ gesetzt; welchen ›see‹ vor dem andern die priorität gebührt, wird damit nicht gesagt. dem zerklüfteten, in die ferne strebenden berg stellt bayer den glatten, in sich ruhenden see gegenüber.
die erste fassung des ›berg‹ ist, ohne interpunktionszeichen und personenangaben, durch zeilendurchschüsse in mehrere durchnumerierte abschnitte gegliedert. die hier wiedergegebene neufassung hat bayer für die anthologie ›Alle diese Straßen‹ hergestellt, die wolfgang weyrauch 1965 im list verlag münchen herausgab. in dieser form hat bayer den ›berg‹ 1964 für ein »funkerzählungspreisausschreiben« an den süddeutschen rundfunk geschickt, wo er am 24. 10. 1966 als hörspiel gesendet wurde. für den fall einer szenischen realisierung

hat bayer zur erfassung einer ›beilage‹ mit dem ausdrücklichen (grossbuchstaben und unterstrichen) vermerk »nur die regie/nicht zum abdruck« verfasst, die mir aber doch – zumindest hier im anmerkungsteil – mitteilenswert erscheint. da sich die ziffern auf die numerierung der textabschnitte der schauspieler beziehen, schlüssle ich sie für die in dieser ausgabe abgedruckte endfassung auf: erste sprecherpassage fehlt, 1) »wir wollen eilen«, bis »vor unseren augen«, zweite sprecherpassage fehlt 2) »dort in der ferne ragen die berge« bis »das gras wird schwarz«, dritte sprecherpassage fehlt, 3) »die berge entfernen sich« bis »ein dichter nebel hüllt alles ein«, sprecher, 4) »wozu eilen« bis »wir wollen eilen«, sprecher, 5) »wir gehen in die irre« bis »wir sind mitten im sommer«, sprecher, 6) »ich habe eine spur gefunden« bis »aber keine spur von den bergen«, sprecher fehlt, 7) »wir haben den weg gefunden« bis »da sind die spuren wieder zu ende«, sprecher fehlt, 8), »da war der fuss des berges« bis »jetzt steigen wir auf«, sprecher fehlt, 9) »das ist der berg« bis »ja so ist er«, sprecher fehlt, 10) »siehst du die spuren im schnee« bis »ich höre den wind«, sprecher, 11) »schon schien der berg erstiegen« bis »entfernt sich der gipfel in die ferne ferne«, sprecher, 12) »hier geht es nicht weiter« bis »ich versinke im schnee«, sprecher fehlt, 13) »wir wollen ein wenig ruhen« bis »du darfst die hände nicht vom seil lassen«, sprecher fehlt, 14) »steigen wir auf oder steigen wir ab?« bis »wir sind da«, sprecher fehlt, 15) »wir steigen zu tal« bis »ja«, sprecher, 16) »wieder im tal« bis »ja«, sprecher, 17) »jetzt verschwinden die berge wieder in der ferne« bis »sich in die ferne entfernen«, sprecher, 18) »wir wollen nicht länger verweilen« bis »ja« (schluss). die sprecherpassagen sind in der erstfassung mit »k« signalisiert; bei k1) steht als fussnote: »k = kommentar: sprecher, projektion o. ä.«.

beilage zu ›der berg‹

1)	grundhaltung:	als ob es kein hindernis gäbe frisch drauf los dort ist der berg
	bewegung:	von links nach rechts zügig am ort gehen geradeaus
	sprache:	als ob es kein hindernis gäbe in der bewegungsrichtung
2)	grundhaltung:	bedenken werden wach, aber keine zweifel das macht nichts
	bewegung:	stockend, zögernd, aber vorwärts
	sprache:	ein wechsel von nachdenken und dem versuch nicht nachzudenken

3)	grundhaltung:	betrachtend
	bewegung:	langsamer, schon etwas müde man sieht nach den bergen aus man zeigt; in der betrachtung immer wieder stehend bleibend
	sprache:	flüssig, fast deklamierend, zuletzt ausklingend
4)	grundhaltung:	aufschieben was nötig ist; es wird schon nicht zu spät sein rasten statt bemühen müde sein schlafen wolllen mit einem RUCK wird zuletzt die maschine wieder in gang gebracht.
	bewegung:	ehe das pendel zurückschwingt, hält es einen augenblick still
	sprache:	entfernt, schwebend, leicht, langsam, wie wolken
5)	grundhaltung:	der verirrte sucht den weg das dunkel ist eingebrochen der weg ist verloren. war er denn da? die nacht
	bewegung:	zick-zack über die bühne suchend mit ausgestreckten armen langsam, bedächtig; im schlamm versinken; die beine werden immer wieder hoch herausgezogen bemüht; der blinde in der nacht
	sprache:	eine kleine verzweiflung man spricht um sich nicht zu fürchten
6)	grundhaltung:	die falsche spur gefunden aber ist es die falsche? wer denkt daran? es ist ein wenig hell geworden freude flammt auf und verlischt wie ein schlechtes streichholz
	bewegung:	halt! . . . und weiter! hopp!
	sprache:	erregt; dann enttäuscht, nicht darauf achtend

7 + 8) grundhaltung:	den weg finden und ihn nicht erkennen, ihn verlieren und ihn wiederfinden
bewegung:	kreisförmig, mit einer DEUTLICHEN zäsur in der asymmetrie (beginn der 8. station); (während man im kreise geht, dreht man sich auch um sich selbst) sich zu boden beugend, sich hoch aufrichtend; dabei gehen dann hinauf!
sprache:	nach vorn und nach hinten, nach allen seiten
9) grundhaltung:	aufsteigen und sehen freude
bewegung:	mächtig bergauf steigend
sprache:	fröhlich
10) grundhaltung:	die spur ist gefunden es ist die gleiche, aber jetzt ist das anders und es ist gleich (wie 6!) jetzt passt, jetzt stimmt sie, jetzt geht es weiter grosse freude hören (= ahnen = bestätigung des rechten weges)
bewegung:	freude im halten das pendel schwingt nach vorn
sprache:	erstaunt froh; etwas zurückhaltend
11) grundhaltung:	jetzt wird es schwer, jetzt beginnt die arbeit die erkenntnis des raumes die erkenntnis der möglichkeit von mühsal das ziel schien so nahe!
bewegung:	verbissen steigend, manchmal rastend (sie packen das seil aus)
sprache:	verbissen, angestrengt, der atem pfeift ein wenig
12) grundhaltung:	mühsal
bewegung:	hier und da; klettern, gebeugt, angeklammert, sich festhaltend, anstrengung, plötzlich im

	schnee versinken, fast nicht mehr dasein am seil
sprache:	keuchend, stockend, der atem pfeift
13) grundhaltung:	erschöpft;
bewegung:	rast am seil festgeklammert
sprache:	erschöpft
14) grundhaltung:	was ist oben? was ist unten? wie ist mein name? nun sind sie soweit, zu glauben, dass sie den falschen weg gegangen sind. so ist es recht. jetzt sind sie da. am ende ist der anfang.
bewegung:	man geht und geht; man ist da in der überzeugung nicht mehr weiterzukönnen erreicht man das ziel. die äusserste anstrengung, die äusserste müdigkeit, die äusserste verzweiflung löst sich auf
sprache:	monoton, erschöpft-gleichgültig; dann ekstatisch schleppend
15) grundhaltung:	abstieg nach erreichtem ziel = aufstieg = bleiben es ist sehr hell sie sind heiter, gelöst, zufrieden
bewegung:	den sätzen entsprechend: absteigen (sie rollen das seil ein) aufsteigen bleiben gehen gehen gehen von rechts nach links sie steigen ab, ohne es zu spüren
sprache:	gebändigter überschwang, glücklich
16) grundhaltung:	wieder im tal
bewegung:	gehen in der ebene, von rechts nach links
sprache:	steigernd

17) grundhaltung:	rückblick
bewegung:	gehen und nach den bergen blicken
sprache:	reflexiv
18) grundhaltung:	gestärkt, mächtig ausholend sehr fröhlich, glücklich und zufrieden und so stark, die welt aus den angeln zu heben
bewegung:	mächtig ausholend, gestikulierend, überschwang (. . . hüpfen, springen, wegfliegen)
sprache:	ein wenig ausser atem steigernd bis zur ekstase, zum wegfliegen (mit ritardando auf dem wirtshaussatz, der sehr natürlich wirken muss) einfach drauflos, nur nicht kümmern, und wenns grotesk wird, macht auch nichts, nur froh sein! los!

übergänge von einer station zur anderen: bewegungen, die einfrieren und wieder auftauen, bewegungen unter wasser

bräutigall & anonymphe erschien in der endgültigen, hier vorliegenden fassung in der damals von bayer inhaltlich inspirierten zeitschrift ›eröffnungen‹ 8/9, 1963, und wurde im selben Jahr, während der ›wiener festwochen‹ – neben stücken von audiberti und artmann (›la cocodrilla‹) – im ›studio experiment am lichtenwerd‹ aufgeführt, regie joe berger und (nicht genannt) bayer.
drei sprechabschnitte aus ›bräutigall & anonymphe‹ (›ach wie bin ich hosenträge‹, ›eine reihe von trunkenbildern‹, ›die anonymphe mit dem sanfthut‹) auch als gedichte – vermutlich vorstadien. ›ach was (!) bin ich hosenträge‹ (bis: »füllhornkämmen ihre lebensdauerwellen«) als gedicht in zwei strophen zu je vier zeilen im programmheft der uraufführung von ›die begabten zuschauer‹ (›die arche / wiener studentenbühne‹, 1961). die beiden anderen (in einem werkverzeichnis aufgeführten) gedichtversionen nicht mehr vorhanden.

17. jänner 1962 ist eine montage (mit eigenen zusätzen) aus zeitungstexten des ›Wiener Kurier‹ vom 15., 16. und 17. 1. 1962.

der löwe zu belfort. über den »lion de belfort«, eine seiner lieblingsfiguren, wollte bayer anscheinend ein grösseres stück schreiben. die hier zusammengefassten bruchstücke könnten teile dieses stückes sein, bei der ersten und dritten szene steht dies fest, selbst wenn man beachtet, dass es bei bayer ein paar stehende figuren gibt, die in sehr verschiedenen zusammenhängen und texten auftauchen – besonders auffallend der lion de belfort. das erste bruchstück trägt ausdrücklich den titel ›Der Löwe zu Belfort‹, mit etwas abstand handschriftlich nachgetragen »1. szene« und in der oberen ecke die namen »apollyon, lion, ophelia«. auf einem weiteren blatt steht »1. Akt. 1. Szene / Palast des Löwen / Apollyon, Löwe von Belfort, 3 Matrosen / wird er sie als opfer wollen? oder wofür? oder als schergen? / apollyon: aufgeblasener frosch ich werde in deinem sumpf sitzen bis es soweit ist.« in dieser skizzenhaften art noch weitere blätter. auf einem steht »1. szene: die 3 matrosen am kai«, auch folgende charakterisierung einiger personen:

3 matrosen: flavius: poet
tiberius: dieb + klugscheisser, (. . .) messer
gaius: körper
lion de belfort (tritt als fischer auf)
apollyon: diener, muss trommeln
ophelia: das opfer, maxima's tochter
flora:
maxima: witwe, kokett

danach könnte das bruchstück »die matrosen am kai« in zusammenhang mit der 1. szene stehen; allerdings findet sich unten auf dem blatt die handschriftliche bemerkung »pfandleiher wollte matrose werden?«, was als verweis auf das stück ›die pfandleihe‹ aufgefasst werden könnte – mit dem vorliegenden text der ›pfandleihe‹ hat es aber inhaltlich nichts zu tun. zur figur des lion notierte er: »grimmige faulheit, die alles verschlingt / gefallene engel / verwandte: leviathan meerdrachen / opfersuchend, nur die schwachen anfallend / lion findet die jungfrau gar nicht / vollstrecker des unwiderruflichen urteils / über unschuldige hat er keine gewalt / verwesung (verwesungsgeruch) perversion / nicht grausam, grimmig, blind, gefrässig, alles verschlingend / sehr warm / sehr stark / haut des löwen gegen irrsinn / löwenkopf über kopf ziehen / bei donner beginnt löwe zu brüllen / neben vergifteten speisen und getränken beginnt der schwanz zu schlagen / löwenherz am nabel erleichtert die geburt / rechtes löwenohr am ohr heilt taubheit / hund ist ein höllisches wesen / moderplätze schimmelpilz / lion ein nachttier / löwenkopf in der tasche schützt? / kann seinen eigenen kopf nicht sehen?‹ zum thema interessant sind noch folgende bemerkungen: »winter: kristallines denken, tod / künstlicher eros: die ofenwärme / in den ofen sprechen / haupthandlung im schloss ofenwärme (kunsteros), nacht / riesige schmetterlinge / matrosen verbindung zum wasser allbewusstsein »wassermann« / fische töten / diebisch (alles wissen wollen) / der löwe symbolisiert die mächte des herzens – starkmut, stolz, reissende gewalt / versteinerung, vereisung / köpfen: ist losmachen von einer kraft / lion: nehmt eure mützen ab / matrosen: wir sind stolze matrosen, wir brauchen die mützen auf unseren köpfen.«

der mann im mond, fragment, in keiner endgültigen form. die erste seite des typoskripts (drei engbeschriebene schreibmaschinenseiten) hat bayer auszuarbeiten begonnen (auch davon noch keine reinschrift), wobei aus einer seite fast zwei wurden; bei »j) das ganze bein ist verzeichnet« bricht die überarbeitung ab. es ist anzunehmen, dass die nachträglich eingezeichnete, den text strukturierende buchstabenaufzählung weitergeführt worden wäre. eine (später?) beigelegte aufstellung einiger lautverwandter wortgruppen lässt weiter vermuten, dass bayer die zuerst die handlung fixierende niederschrift noch in eine sprachlich artifiziellere form gebracht hätte – eine arbeitsweise, die sich bei ihm anhand aufeinanderfolgender fassungen eines textes mehrfach nachweisen lässt. – meiner erinnerung zufolge würde ich die entstehungszeit von ›mann im mond‹ vor 1957 ansetzen. auch dieses stück hat bayer in einer liste – noch mit dem eingeklammerten wort »kürzen« – als »eklektizistisch« apostrophiert (siehe anmerkung zu ›die pfandleihe‹).

kasperl am elektrischen stuhl. typoskript noch sehr im arbeitsstadium: handschriftliche eintragungen, ausstreichungen, willkürliche dialektschreibung (eine vereinheitlichung der dialektschreibung wäre mir, angesichts des unfertigen zustandes des skripts, als unnötige pedanterie erschienen). schluss noch skizzenhaft. handschriftlich notierte schlussversionen:

> kasperl wird in redestrom von löwe und apollo, die heimlich und heimtückisch ärztekittel, stethoskop, weisses käppchen übergezogen haben, gefasst und auf den geluppten e-stuhl der jetzt ein schockapparat ist geschnallt.
> funkenreden
> kasperl wird losgeschnallt
> er steht frei im raum mit leuchtenden glänzenden augen, flügel falten sich aus seinem anzug, er wird an schnüren hochgezogen
> »alles in ordnung«
> er steigt auf
> vorhang
> –
> kasperl am elektrischen stuhl (wie ein thron)
> »au, i bin dod!«
> kurzschluss
> der mechaniker, der den stuhl reparieren will.
> der arzt kümmert sich um kasperl, der sich einbildet, er sei tot.

einige personennamen verballhornungen von solchen gewisser wiener zeitgenossen (kritiker), die bayer besonders unangenehm auffielen, z. b. schulberg für friedrich torberg, espenlaub für lieselotte espenhahn, weissenpeter für peter weiser.

qui & qua. ob dieser titel wirklich zu der vorliegenden fragmentarischen hanswurst-szene gehört, ist unsicher. auf eine andere art von papier (feines briefpapier) getippt, lag er jedenfalls diesem typoskript bei – zahlreiche unbezeichnete und nicht numerierte skriptblätter sind allerdings nach bayers tod durcheinandergeraten (oder er hatte sie selbst in zum teil ungeordnetem zustand hinterlassen). das literarisch eher harmlose bruchstück ist vielleicht psychologisch im hinblick auf ›die wiener gruppe‹ in einem bestimmten stadium ihrer internen beziehungen nicht ganz uninteressant. aus einem entwurfsblatt zu der szene mit namensaufstellungen geht hervor, dass es sich dabei um verschlüsselungen der namen der gruppenmitglieder und ihrer damaligen frauen handelt. so steht rupert für friedrich (achleitner), arbogast für oswald (wiener), claudio für gerhard (rühm) – gemeinsam charakterisiert als »seltsame soldaten? freunde und kampfgefährten des hanswurst / mönche??? matrosen??? ritter, landsknechte?«; hinter »hanswurst« verbirgt sich offensichtlich konrad bayer selbst. rosalia steht für »adelina, frau des g.«, andere frauen (ernestine, diane, elisabeth . . ., ruth) treten (noch) nicht auf. auch »hanscarl« (vorgesehener deckname: zyprian, koloman oder felix), »confident, ein undurchsichtiger freund, ein undurchsichtiger »verräter«, *jetzt* mitglied der »gegenpartei«, taucht im personenverzeichnis auf – die charakterisierung deutet darauf hin, dass dieses fragment nach 1958 entstanden sein muss, als sich h. c. artmann nach dem geradezu sensationellen erfolg seines ersten buches ›med ana schwoazzn dintn‹ von der ›wiener gruppe‹ merklich entfernt hatte und mit leuten umging, die uns oft suspekt waren. ich kann mich übrigens nicht erinnern, dass konrad jemals dieses projekt erwähnt oder den bereits ausgeführten teil hergezeigt hätte. – als »schauplätze« sind angegeben: »das wasser (fluss, meer!) / das femegericht (in einem bauernhaus?)«.

das tote kind in der wiege. der an die seite getippte titel mit drei handschriftlichen fragezeichen versehen. typoskript in einem umschlagbogen mit der aufschrift »IN ARBEIT«.

herr tanaka. über der erstfassung des textes steht, wohl als in erwägung gezogener titel, handschriftlich in klammern »ob man apfel essen soll: – »apfel« noch mit einem fragezeichen versehen. in einer werkliste unter ›herr tanaka‹ geführt.

sprachlose sätze. im manuskript steht als titel zuerst ›sprachlose demonstration‹, darunter als alternative ›sprachlose sätze‹ (dazwischen unter ›demonstration‹ noch in klammern und mit fragezeichen ›aussagen‹). in den beiden ›literarischen cabarets‹ (1958, 1959) gab es ähnliche nummern, zumindest wurde über ähnliche diskutiert. sollte sich bayer die ›sprachlosen sätze‹ im hinblick auf eines der cabarets notiert haben? ich glaube mich jedenfalls zu erinnern, dass damals in diesem zusammenhang davon die rede war.

konzert für metronome und singvögel, eine idee bayers, vielleicht ebenfalls aus der zeit der beiden cabarets, die er mir gegenüber mehrmals erwähnte und bei gelegenheit auch realisieren wollte.

unbezeichnete szenische bruchstücke und notizen. (1) das bruchstück um ›meister rimbald, trödler, pfand- und geldleiher‹ unterscheidet sich schon im ton so stark von der ›pfandleihe‹, dass es kaum in zusammenhang damit stehen kann; eine beziehung zur ›erschrecklichen comoedie vom braven lukas‹ (auf grund dieser namensgleichheit) erscheint mir erst recht unwahrscheinlich. (2) hier könnte es sich auch um ein prosabruchstück handeln (vielleicht im umkreis von ›als die herolde den garten betraten‹, siehe unter *frühe texte*), das unversehens szenische form angenommen hat. (5) (robert), sehr skizzenhaftes, teils in maschinen-, teils in handschrift auf vier numerierte blätter verteiltes skript; der kurze text auf dem vierten blatt durchgestrichen:

der eine mann: war das seine frau?
der andere mann: das glaube ich nicht. er hat ja bloss eine zwölfjährige tochter.
der eine mann: was sagst du da?
legt die hände trichterförmig vor den mund:
kommen sie zurück, wir brauchen sie noch.
ein junges mädchen, ca. 12 jahre, tritt auf.
beide männer: so ist es recht.

(6) (i hob gheat, du bist guat), ziemlich wirr notiertes manuskript mit vielen durchstreichungen und verbesserungen. (7) die erste fassung dieser hans-wurst-szene muss, nach dem verwendeten papier, ziemlich früh entstanden sein (etwa um 1954); später hat bayer mit einer nur leicht dialektgefärbten bearbeitung begonnen, die aber vor ende des textes ausläuft und mit bleistift durchgekreuzt ist. ich habe die beiden fassungen, sie sprachlich behutsam angleichend, kontaminiert. (8) auf einem zweiten blatt einige kurze dialog- und handlungsskizzen für den weiteren verlauf, die, trotz der äusseren verschiedenheiten der typoskripte (7, 8) auf einen inhaltlichen zusammenhang der beiden hanswurst-szenen hinweisen könnten:

der glanz der natur wird durch verbrechen nicht angetastet.

–

ich bin so unglücklich
iss, du sollst essen. das ist die beste medizin

–

h. denkt über die möglichkeit nach (d. h. die methode) ein bestimmtes etwas schwierigeres mädchen (leicht auf draht) einzukochen
f., sonst immer leicht verblödet, harmlos und lyrisch geschildert, gibt die immensesten ezes (perhaps sehr perverse ezes)

–

f. (völlig fertig erschüttert eine welt ist in ihm zusammengebrochen): da glaubt man, man kennt einen menschen, dann ist er ganz anders (man glaubt man kennt einen menschen und er ist überhaupt ganz anders)

–

hast du denn gar kein gewissen
das kann ich mir nicht leisten

–

das kann doch noch nicht alles (das höchste, das ziel oder so) sein, sich mit einer frau ins bett zu legen, das kann doch noch nicht alles sein.

–

man wird (vielleicht) gar kein anderer, nur die umstände werden andere.

Konrad Bayer, geb. 17. 12. 1932 in Wien. Besuch des Gymnasiums, Absolvierung kaufmännischer Kurse, Bankangestellter. Mit H. C. Artmann, Gerhard Rühm und Oswald Wiener Mitglied im 1951 gegründeten „artclub". Ende 1957 kündigte Bayer seine Stellung bei der Bank. Psychologiestudium, nach kurzer Zeit abgebrochen. Leiter der Galerie seines Freundes Ernst Fuchs, Jazzmusiker, Darsteller und Autor von Experimentalfilmen. Im Winter 1958 und Frühjahr 1959 literarisches Kabarett mit Oswald Wiener, Gerhard Rühm und Friedrich Achleitner; Konstituierung der „Wiener Gruppe". 1962 Redaktion der avantgardistischen Zeitschrift „edition 62" (nur zwei Ausgaben erschienen). 1963 einige Monate in Frankreich; Begegnung mit Friedrich Hundertwasser. 1963 und 1964 Lesungen auf den Tagungen der Gruppe 47. Am 10. 10. 1964 nahm sich Konrad Bayer auf Schloß Hagenberg (Niederösterreich) das Leben.

Werkverzeichnis

„starker toback. kleine fibel für den ratlosen". Zusammen mit Oswald Wiener. Paris (dead language press) 1962. 2. verbesserte Auflage 1963.

„der stein der weisen". Berlin (Fietkau) 1963. (= schritte sieben).

„montagen 1956". Zusammen mit H. C. Artmann und Gerhard Rühm. Bleiburg/Kärnten (Kulterer) 1964. (= 2. Sonderdruck der „Eröffnungen").

„hans carl artmann und die wiener dichtergruppe". In: werkstatt aspekt. Wien. 1964. H. 1. S. 13–18. Wiederabdruck in: H. C. Artmann: Ein lilienweisser Brief aus Lincolnshire. Frankfurt/M. (Suhrkamp) 1969. S. 5–16.

„The Vienna Group". In: Times Literary Supplement, 3. 9. 1964.

„Der Kopf des Vitus Bering. Porträt in Prosa". Mit einem Nachwort von Jürgen Becker. Olten und Freiburg (Walter) 1965. (= Walterdruck 6). Neuausgabe: Frankfurt/M. (Suhrkamp) 1970. (= Bibliothek Suhrkamp 258).

„der sechste sinn. texte". Herausgegeben von Gerhard Rühm. Reinbek (Rowohlt) 1966.

„wie das zepter der menschen. die kleider eines russigen nach einer bergwerksbesichtigung". In: manuskripte. 1967. H. 21. S. 4.

„Die Wiener Gruppe / Achleitner, Artmann, Bayer, Rühm, Wiener. Texte, Gemeinschaftsarbeiten, Aktionen". Herausgegeben von Gerhard Rühm. Reinbek (Rowohlt) 1967. (= rowohlt paperback 60).

„der sechste sinn. roman". Herausgegeben von Gerhard Rühm. Reinbek (Rowohlt) 1969.

„konrad bayer zeitung. tagebuch 63". In: wien. bildkompendium wiener aktionismus und film. Herausgegeben von Peter Weibel / Valie Export. Frankfurt/M. (kohlkunstverlag) 1970. Unpaginiert.

„Briefe an Ida“. In: manuskripte. 1973. H. 37/38. S. 53–60.
„der schwarze prinz“. In: Nervenkritik. Wien. 1976. H. 1. S. 18–20.
„Das Gesamtwerk“. Herausgegeben von Gerhard Rühm. Reinbek (Rowohlt) 1977. (= das neue buch 76).
„Briefe an seine Verleger“. Herausgegeben von Ulrich Janetzki. In: Sondern. Zürich. 1979. H. 4. Unpaginiert.

Theater

Uraufführung der meisten Kurzdialoge im Rahmen des ersten und zweiten „literarischen cabarets“ der Wiener Gruppe, 6. 12. 1958 und 15. 4. 1959.
„die begabten zuschauer“. „der fliegende holländer“. „kosmologie“. „ein kriminalstück“. Zusammen mit Gerhard Rühm. Uraufführung: Die Arche (Studentenbühne), Wien, 1961. Regie: Gottfried Schwarz.
„bräutigall & anonymphe“. Uraufführung: studio experiment, Wien, Juni 1963. Regie: Joe Berger.
„kinderoper“. Zusammen mit F. Achleitner, G. Rühm, O. Wiener. Uraufführung: Chattanooga (Nachtlokal), Wien, 10. 4. 1964. Regie: die Autoren.
„kasperl am elektrischen stuhl“. Uraufführung: Wiener Festwochen, 2. 6. 1968. Regie: Georg Lhotzky.
„der analfabet“. „der berg“. Uraufführung: Landestheater Darmstadt, 29. 5. 1969. Regie: Deryk Mendel.
„die boxer“. Uraufführung: Theater am Neumarkt, Zürich, Februar 1971. Regie: Jan Franksen.
„idiot“. Uraufführung: Schillertheater Berlin, 13. 9. 1972. Regie: Peter Fitzi.

Hörspiel

„der kopf des vitus bering“. Norddeutscher Rundfunk / Sender Freies Berlin. 16. 1. 1964.
„der berg“. Süddeutscher Rundfunk. 24. 10. 1966.
„sie werden mir zum rätsel, mein vater“. Zusammen mit Gerhard Rühm. Norddeutscher Rundfunk / Sender Freies Berlin. 12. 1. 1969.
„der schweißfuß“. Zusammen mit Gerhard Rühm. Norddeutscher Rundfunk / Sender Freies Berlin. 18. 10. 1971.

Filme

„Mosaik im Vertrauen“. 1955. Regie: Peter Kubelka. Darsteller.
„Sonne halt!“. 1959–62 (3 Versionen). Regie: Ferry Radax. Texte, Darsteller.
„Am Rand“. 1961–63 (3 Versionen). Regie: Ferry Radax. Texte, Darsteller.

„Konrad Bayer oder: Die Welt bin ich und das ist meine Sache“. 1969. Regie: Ferry Radax.
„Der Kopf des Vitus Bering. Ein Film nach einem Porträt in Prosa von Konrad Bayer“. 1970. Regie: Ferry Radax.
„Berg Berg. Eine phantastische Geschichte, nach dem Motiv ‚Thornstein‘ von Konrad Bayer“. 1972. Regie: Ferry Radax.

Tonband
„Konrad Bayer spricht Konrad Bayer. Der Kopf des Vitus Bering“. Hattingen-Blankenstein (s press) 1973.

Übersetzung
William Butler Yeats: „Die Sanduhr“. In: ders.: Werke. Herausgegeben von Werner Vordtriede. Neuwied, Berlin (Luchterhand) 1973. Bd. 3. S. 211–228.

inhalt:

Bücher im Verlag der Autoren

Philippe Adrien, Mein lieber Molière
Hans Helmut Prinzler/Eric Rentschler (Hrsg.), Augenzeugen. 100 Texte neuer deutscher Filmemacher
Konrad Bayer, Theatertexte
Augusto Boal, Mit der Faust ins offene Messer
Walter Boehlich, 1848
Curt Bois, So schlecht mir noch nie. Aus meinem Tagebuch
Karlheinz Braun (Hrsg.), MiniDramen
Ken Campbell, Mr. Pilks Irrenhaus
Stefan Dähnert, Herbstball
Wolfgang Deichsel, Bleiwe losse
Wolfgang Deichsel, Loch im Kopf
Wolfgang Deichsel, Die Schule der Frauen
Wolfgang Deichsel, Werke 1: Etzel
Wolfgang Deichsel, Werke 2: Der hessische Molière
Ernst-Jürgen Dreyer, Die goldene Brücke
Helmut Eisendle, Die Gaunersprache der Intellektuellen
István Eörsi, Das Verhör / Jolán und die Männer
Gustav Ernst, Ein irrer Haß
Euripides/Peter Krumme, Medeia
Rainer Werner Fassbinder, Anarchie in Bayern und andere Stücke
Rainer Werner Fassbinder, Antiteater. Fünf Stücke nach Stücken
Rainer Werner Fassbinder, Die bitteren Tränen der Petra von Kant / Der Müll, die Stadt und der Tod
Rainer Werner Fassbinder, Bremer Freiheit / Blut am Hals der Katze
Rainer Werner Fassbinder, Katzelmacher / Preparadise sorry now
Rainer Werner Fassbinder, Sämtliche Stücke
Ludwig Fels, Der Affenmörder
Ludwig Fels, Lämmermann
Ludwig Fels, Soliman / Lieblieb
Dario Fo, Diebe, Damen, Marionetten
Dario Fo, Kleines Handbuch des Schauspielers
Dario Fo, Obszöne Fabeln / Mistero Buffo
Dario Fo, Der Papst und die Hexe
Dario Fo, Wer einen Fuß stiehlt, hat Glück in der Liebe
Maksim Gorkij/Andrea Clemen, Kleinbürger
Heinrich Henkel, Still Ronnie
Gerhard Kelling, Heinrich
Bernard-Marie Koltès, Kampf des Negers und der Hunde / Die Nacht kurz vor den Wäldern
Bernard-Marie Koltès, Roberto Zucco / Tabataba

Bernard-Marie Koltès, Rückkehr in die Wüste
Fitzgerald Kusz, Derhamm is derhamm
Fitzgerald Kusz, Sooch halt wos
Fitzgerald Kusz, Stücke aus dem halben Leben
Eugène Labiche/Botho Strauß, Das Sparschwein
Marivaux/Anneliese Botond, Das Spiel von Liebe und Zufall
Libuše Monikovà, Unter Menschenfressern
Henry Monnier/E. Helmlé, Aufstieg und Fall des Josef Prudhomme
Heiner Müller, Der Auftrag / Quartett
Heiner Müller, Gesammelte Irrtümer 1 + 2
Heiner Müller, Leben Gundlings Friedrich von Preußen Lessings Schlaf Traum Schrei
Heiner Müller, Die Schlacht / Wolokolamsker Chaussee
Heiner Müller liest Wolokolamsker Chaussee. Toncassette
Aleksandr Ostrovskij/Peter Urban, Der Wald
Georges Perec, Die Gehaltserhöhung / Die Kartoffelkammer
Robert Pinget, Was wissen Sie über Mortin?
Klaus Pohl, Das Alte Land
Klaus Pohl, Heißes Geld
Klaus Pohl, Karate-Billi kehrt zurück / Die schöne Fremde
Klaus Pohl, La Balkona Bar / Hunsrück
Jean Racine/Simon Werle, Berenike / Britannicus
Jean Racine/Simon Werle, Phädra / Andromache
Gerlind Reinshagen, Himmel und Erde
Friederike Roth, Ritt auf die Wartburg / Klavierspiele
Gerhard Rühm, Theatertexte
Peter Sattmann, Der Erzbischof ist da
Peter Sattmann, Der Fallschirmspringer
Evgenij Schwarz/Andrea Clemen, Der Schatten
Georg Seidel, Carmen Kittel / Königskinder
William Shakespeare/Klaus Reichert, Der Kaufmann von Venedig
William Shakespeare/Klaus Reichert, Maß für Maß
Susan Sontag, Alice im Bett
Hjalmar Söderberg/Walter Boehlich, Gertrud
Kerstin Specht, Lila / Das glühend Männla / Amiwiesen
Martin Sperr, Die Kunst der Zähmung
Martin Sperr, Die Spitzeder
Spielplatz 1, 2, 3, 4 + 5
Je fünf Theaterstücke für Kinder (erscheint jedes Frühjahr)
Peter Steinbach, Kusch und Platz
Botho Strauß, Versuch, ästhetische und politische Ereignisse zusammenzudenken

August Strindberg/Heiner Gimmler, Mit dem Feuer spielen
Aleksandr Suchovo-Kobylin/H. M. Enzensberger,
Tarelkins Tod oder der Vampir von St. Petersburg
Willi Thomczyk, Feuerkarussell
Ivan Turgenev/Peter Urban, Ein Monat auf dem Lande
Peter Urban, (Hrsg.), Fehler des Todes
Friedrich Karl Waechter, Kiebich und Dutz / Pustekuchen
Friedrich Karl Waechter, Schule mit Clowns / Ausflug mit Clowns
Friedrich Karl Waechter, Der Schweinehirtentraum / Die Bremer Stadtmusikanten
Friedrich Karl Waechter, Die letzten Dinge
Wim Wenders, Emotion Pictures. Essays und Filmkritiken
Wim Wenders, Die Logik der Bilder. Essays und Gespräche
Wim Wenders, Tokyo-Ga. Ein Filmtagebuch
Urs Widmer, Die lange Nacht der Detektive
Urs Widmer, Nepal / Der neue Noah
Urs Widmer, Der Sprung in der Schüssel / Frölicher – ein Fest
Urs Widmer, Stan und Ollie in Deutschland / Alles klar
Oscar Wilde/Gerhard Rühm, Salome